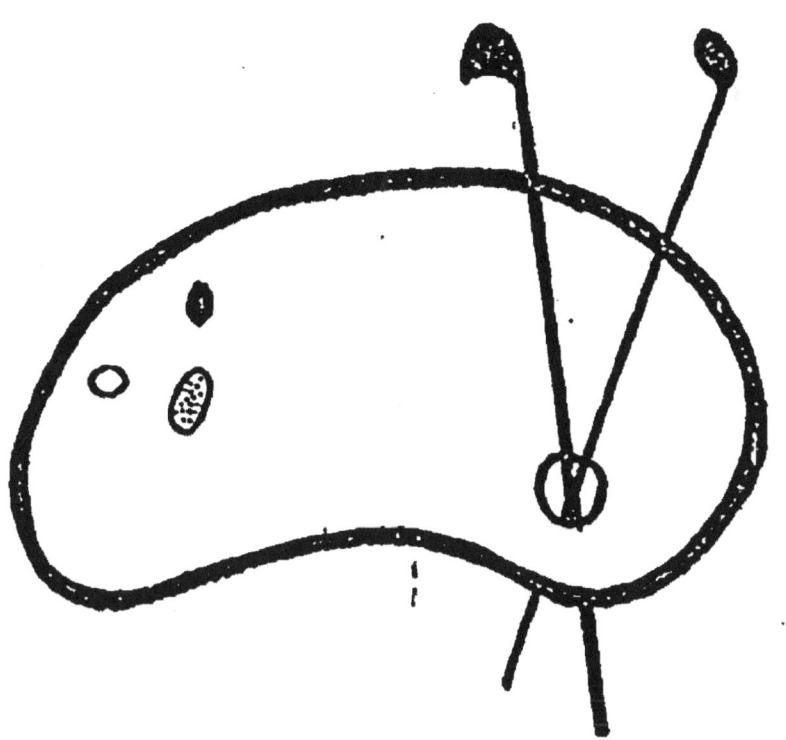

**COUVERTURE SUPERIEURE ET INFERIEURE
EN COULEUR**

LES CAUSES SACRÉES

LE ROI

1855. — ABBEVILLE. — TYP. ET STÉR. GUSTAVE RETAUX.

COLLECTION SAINT-MICHEL

LES CAUSES SACRÉES

LE ROI

PAR

RAOUL DE NAVERY

TOME PREMIER

PARIS

G. TÉQUI, LIBRAIRE-ÉDITEUR

DE L'ŒUVRE DE SAINT-MICHEL

6, RUE DE MÉZIÈRES, 6

1877

LES CAUSES SACRÉES

LE ROI

I

LE CŒUR DE L'IRLANDE.

Autour du cap, la mer se brisait avec des retentissements sonores ; les vagues entraînaient le galet noir, pour le rejeter sur la rive avec une force nouvelle. Parfois de grosses vagues montaient à l'assaut de la falaise escarpée, et c'étaient alors des bruits sourds, des éclats lointains, des échos remplis de mugissements étranges. Les rocs ruisselaient d'écume, les grottes vomissaient l'eau comme des monstres marins, et cette lutte gigantesque de l'Océan et de la falaise recommençait à peine finie, prolongeant dans les abîmes de la montagne ses tonnerres et ses tempêtes.

La lune, cachée dans un amas de nuages, dégageait à peine le long de leurs bords un mince filet d'argent. A cette pâle lueur, on croyait voir s'agiter la maigre cime des *bog-pine* ou glisser de furtifs fantômes.

La nuit s'avançait de plus en plus profonde, quand du sein du marais, le long de la falaise et sur les routes à peine tracées, des lumières parurent, d'abord faibles, puis rapprochées. Elles convergeaient du même côté et lentement se groupaient comme un faisceau prêt à devenir un foyer d'incendie.

A cette lueur grandissante on pouvait distinguer une foule nombreuse d'hommes et de femmes, les uns enveloppés du carrik irlandais, les autres serrant autour de leur taille les plis de leurs mantes rouges.

Ceux qui arrivèrent les premiers au bord de la falaise, penchèrent la branche de *bog-pine* enflammée qu'ils tenaient pour éclairer leur route, cherchèrent un chemin connu, abrupt et difficile comme les plus étroites valleuses, croulant sous les pieds, et rendu glissant par les éclaboussures de la mer et les plants de goëmon qu'y jetait la marée.

Cependant hommes et femmes s'engagèrent dans cette voie, s'accrochant tantôt aux aspérités du roc, tantôt à une broussaille qui cédait sous l'effort. Alors l'imprudent courait risque de tomber au fond de la baie et parfois d'entraîner ses compagnons après lui.

La valleuse creusée le long du roc avait environ deux cents pieds ; à l'endroit où elle finissait, une étroite plate-forme coignait la roche noirâtre. C'est sur cette corniche que passèrent successivement les nocturnes voyageurs. Au bout de cinq minutes d'une marche que la violence du vent rendait doublement périlleuse, ceux qui s'avançaient en tête de la colonne tournèrent à gauche, touchant des deux mains d'humides parois, et baissant la tête, afin de ne pas se briser le front contre des quartiers de roche.

Les flambeaux de *bog-pine* pâlissaient. On marchait à distance, dans la crainte de communiquer le feu aux vêtements ; les murs de basalte suintaient l'humidité. Parfois une aile d'oiseau passait brusque, effarée, au-dessus des mystérieux personnages qui continuaient à s'avancer en silence.

Si un des jeunes gens voyait chanceler un vieillard, il lui prêtait l'appui de son bras ; les mères pressaient leurs filles sur leur poitrine ; quelque chose de grand, de fort, respirait dans cette foule.

Enfin on entendit pousser un soupir de soulagement qui dilata toutes les poitrines.

Un féerique spectacle frappa les yeux.

Au sortir de la valleuse obscure, après la corniche chancelante et le couloir sombre, s'ouvrait une immense salle dont les cristallisations reflétaient la lumière des torches que chaque arrivant plaçait dans un bras de fer disposé à cet effet. La voûte de cette salle était formée de stalactites d'une régularité tenant du prodige et d'une limpidité défiant le cristal. Au fond, et multipliant les clartés d'un nombre considérable de branches de pin et de chandelles de jonc, une sorte de niche, à demi voilée par un rideau dont la main artiste de la nature avait disposé et cassé les grands plis, renfermait une table taillée dans une stalagmite énorme et qui paraissait soutenue par de minces colonnes torses. Au-dessus de cette table, un crucifix de grandeur naturelle, couronné d'épines, les plaies saignantes, le cœur ouvert, ressortait d'autant plus effrayant de douleur et de majesté que le cadre qui l'entourait était blanc et lumineux.

A mesure qu'ils pénétraient dans la grotte,

les hommes se rangeaient debout à gauche de l'autel, tandis que les femmes allaient s'agenouiller à droite.

Mais avant de franchir le seuil de la salle mystérieuse, tous donnaient le mot de passe à un homme placé au fond du couloir, et chargé de défendre l'entrée de la grotte à qui ne dirait pas :

Erin go braegh !

Quand la foule que nous avons vue descendre le sentier abrupt de la falaise se fut engouffrée dans la salle, deux Irlandais se postèrent à l'extrémité de l'étroit passage.

Un religieux silence régnait dans l'assemblée.

Tout à coup le bruit argentin d'une sonnette retentit, et du fond de la grotte, s'avançant vers la zône lumineuse au sein de laquelle s'encadrait l'image du Christ, un prêtre parut, vêtu des vêtements sacerdotaux et tenant en main le calice.

Les fronts se penchèrent davantage, et le sacrifice de la messe commença.

C'était un spectacle imposant que celui présenté par cette foule agenouillée. Tous ces hommes avaient la conviction au cœur. De chacun de ces pauvres Irlandais à peine couverts de haillons on pouvait faire un soldat de la patrie, un martyr de la foi.

Les femmes se trouvaient, comme les hommes, à la hauteur de tous les dévouements.

On pouvait se croire transporté au temps de la Rome des catacombes en regardant s'accomplir avec ce mystère et ces précautions les cérémonies du culte évangélique. Même persécution au dehors que sous les empereurs Néron et Domitien; même héroïque courage que du temps où le cirque voyait la fleur du christianisme jetée aux bêtes, et où les vierges chrétiennes tombaient broyées sous la dent des lions.

Mais ce qui communiquait un caractère spécial à la réunion des catholiques d'Irlande, c'est qu'ils se groupaient la nuit dans les grottes de la falaise pour défendre à la fois la liberté de leur culte et l'individualité de leur nation.

Les chrétiens de Rome étaient seulement chrétiens.

Les catholiques d'Irlande restaient Irlandais.

S'ils risquaient leur vie pour garder leur croyance et protéger leur crucifix et l'image de la Vierge contre les insultes des presbytériens, ils pouvaient se lever en masse pour s'opposer à l'invasion anglaise.

Hélas ! ils avaient lutté vaillamment, courageusement. Leur défense avait été longue, héroïque, sublime.

Ils défendirent leur culte les armes à la main, la poitrine déchirée par la faim, les membres tremblants de fièvre. Chaque soldat surpassa les renommées antiques par les prodiges de valeur qu'il réalisa. Et pourtant l'Irlande fut vaincue, et comme une criminelle et une pauvresse, on la chassa à coups de fouet, joignant l'insulte à la barbarie.

De terribles orages venaient de passer sur le monde.

Jérôme de Prague, Jean Huss, Zwingle, Luther, Calvin, Knox jetèrent au vent leurs doctrines, encourageant au pillage des églises, au mépris du clergé.

Un roi, que possédait une passion folle, prétendit s'ériger en chef de l'Église d'Angleterre, afin de faire monter sur son trône l'ancienne fille d'honneur de la reine Catherine.

Jusqu'à cette époque, l'Irlande n'avait cessé de se rebeller contre la conquête. Elle ne reconnaissait point pour souverain le descendant de ceux qu'elle appela pour juger le différend élevé entre ses rois. Tourmentée, opprimée, elle se relevait forte et victorieuse, déconcertant ses ennemis par son courage renaissant; la poitrine couverte de glorieux haillons, elle ne craignait point de se mesurer avec les soldats bardés de fer. Elle gardait religieusement le souvenir des quatre rois de Leinster, de l'Uster, de Munster et de Connaught ; elle respectait leurs descendants, et les héritiers de cette race royale recevaient des Irlandais affamés et demi nus un culte de vénération et de dévouement que parurent envier Henri II, Jean sans Terre et Richard II, les seuls rois d'Angleterre qui pendant quatre cents ans se montrèrent en Irlande.

Henri VIII, Élisabeth et Cromwel devaient achever ce que plusieurs siècles n'avaient pu faire.

Henri VIII commença l'œuvre. Élisabeth la poursuivit en vidant les coffres de l'Angleterre pour arriver à l'asservissement de l'Irlande. Cromwel allait y porter une guerre soutenue par l'implacable puissance de sa volonté.

A l'époque où commence notre récit, Cromwel, retiré dans la petite ville de Humtingdon, s'occupait de la culture de ses terres. Mais si l'ennemi qui devait l'écraser n'était pas révélé au monde, les lois promulguées par Henri VIII et Élisabeth étaient assez sévères pour forcer les

catholiques à chercher l'ombre et le mystère.
On attaquait, en même temps que sa foi, la
liberté nationale de l'Irlande. En dépit de la
conquête, elle ne se regardait pas comme vaincue. Plus on lui contestait ses droits, plus elle
brûlait d'en faire usage. Les intrigues fomentées contre elle en Angleterre et en Écosse resserraient les liens intimes qui l'attachaient à
son culte et à sa terre. Les emprisonnements,
les massacres n'avançaient pas l'œuvre de la
tyrannie anglaise; pour changer le caractère
de l'Irlande, il fallait la supprimer comme
nation. En dépeuplant l'Hybernie d'Irlandais et
en donnant le sol à des Anglais de la réforme,
on faisait du sol un pays protestant. Les proscriptions, les spoliations commencèrent. On
ruina, on chassa les propriétaires. On inventa
des complots, on suborna des témoins, et les
grands fiefs, confisqués par la couronne devinrent l'apanage des fauteurs de l'injustice. Pour
occuper la terre d'Irlande, il devint d'abord nécessaire d'être Anglais; sous Jacques Ier il fallut
même être protestant.

A mesure que les indigènes se virent chassés
des villes, ils se réfugièrent dans les montagnes,
se cachèrent dans les bois. Leurs prêtres les
suivaient, et ces pauvres colonies liées par le

malheur et la foi, cachées dans les cavernes, groupées dans l'ombre, s'entretenaient encore de l'avenir de leur chère patrie et rêvaient sa résurrection glorieuse.

L'Angleterre s'effraya de la patience résignée de ceux à qui elle avait tout enlevé, hors une céleste espérance. Elle chassa des hauteurs, des Irlandais qui vivaient du produit de leur chasse et du lait de leurs troupeaux, et les obligea à descendre dans les plaines, en donnant les parties boisées de l'Irlande à ceux dont elle voulait payer les services.

London-Derry fut ainsi fondée par une corporation venue de Londres. Jacques Ier ne trouvant plus de grands seigneurs irlandais à accuser de complots, pensa à spolier les biens des propriétaires, et à les expulser de leurs maisons et de leurs terres. On laissa de côté la politique, et les avocats furent chargés de l'affaire.

L'Irlande, prise, reprise, envahie par les Anglo-Normands, puis par les Danois, traitée en proie destinée au plus fort, avait subi bien des partages divers. Les titres des fiefs, les délimitations des domaines pouvaient laisser quelque chose à désirer sous le rapport de la régularité. Le pommeau des épées avait plus souvent marqué les parchemins que les sceaux de la loi. Il devenait donc presque impossible de fournir toutes les pièces attestant la propriété légale. Jacques Ier, qui n'était ni assez fort pour lutter à main armée ni assez grand pour se montrer juste, Jacques Ier qui pardonnait à l'Angleterre le meurtre de Marie Stuart, chargea des hommes de chicane de spolier pour la dernière fois l'Irlande, et de rattacher à la couronne, les fiefs dont les possesseurs ne se trouveraient pas complétement en règle.

Les domaines du roi s'augmentèrent de la plupart des belles seigneuries d'Irlande. Pour refouler dans un même lieu les malheureux qu'il chassait de leurs maisons et à qui il enlevait à la fois la liberté de conscience et la fortune, Jacques Ier décida que la population catholique serait exilée dans une seule des quatre provinces de l'Irlande, celle qui, jusqu'à cette époque, s'était montrée la plus invinciblement attachée à son culte, à sa nationalité, et avait repoussé toute tentative de colonisation anglaise. La persécution à main armée n'avait pas été la seule employée et ne pouvait être la plus dangereuse.

La guerre lente, froide, calculée, qui feint de s'abriter sous la loi, emprunte les formes de la justice et devient d'autant plus inique qu'elle est mieux réfléchie, d'autant plus redoutable qu'elle agit avec lenteur, fit sentir successivement toutes les tortures au peuple d'Irlande.

Ses prêtres étaient traqués comme des bêtes-fauves, l'exercice du culte catholique fut interdit sous les peines les plus sévères. Les évêques, les religieux, les membres du clergé se cachaient pour échapper à la persécution. En secret ils visitaient leurs ouailles, les soutenant, les exhortant à la patience, réveillant dans leurs âmes le sentiment de l'espérance et célébrant pour eux, loin des regards de tous, des mystères que les presbytériens prétendaient supprimer.

A des jours fixés d'une façon irrégulière, afin de ne pas exciter la défiance des Anglais, les catholiques étaient prévenus qu'ils devaient se réunir tantôt sous les grottes de la falaise, tantôt dans la montagne, une autre fois au milieu des bois. Tous s'y rendaient, hommes et femmes. Les enfants et les vieillards que leur faiblesse et leurs infirmités retenaient dans la cabane, se faisaient raconter les pompes de la fête sacrée et redire les paroles du prédicateur.

Et quand les fils vaillants, les jeunes chefs

de famille répétaient les enthousiastes discours du prêtre ou du pontife, les larmes coulaient des yeux des vieillards, les yeux des enfants étincelaient. On répétait dans les cabanes le mot de passe prononcé à l'entrée des grottes de cristal :

Erin go braegh!

Pendant la nuit dont nous racontons les événements, tous les villages avoisinant la baie qui bat les falaises de Golway avaient leurs représentants.

Le sentiment d'une foi profonde et d'un saint recueillement se lisait sur les physionomies des hommes. Les femmes, le front caché par le capuce de leur mante, priaient pour leurs pères, leurs frères et leurs époux.

Quand le saint sacrifice fut achevé, le prêtre passa au milieu de la foule agenouillée, emportant les vases sacrés pour les cacher dans les flancs mêmes de la montagne ; les flambeaux entourant l'image du Christ s'éteignirent, et un demi-jour régna seul dans la salle immense.

Les vives arêtes des stalactites étincelaient par intervalle aux lueurs des torches de *bog-pine*; les hommes venaient de se relever et les femmes s'appuyaient contre la muraille dans une immobilité respectueuse.

Le prêtre reparut.

Il n'avait gardé qu'un surplis blanc par-dessus sa robe noire.

C'était un homme de quarante ans environ, à l'œil vif et doux, à la poitrine développée, au front vaste, à la voix sonore. Des mèches blanches aux tempes tranchaient sur l'ensemble de sa chevelure noire. Un pli douloureux traversait son front.

On sentait qu'il avait beaucoup souffert, et se sentait prédestiné à souffrir encore.

Il monta sur un bloc naturel placé au-devant du calvaire, et levant la main pour bénir :

« Dieu sauve l'Irlande ! » dit-il.

Et comme un écho puissant augmenté de la sonorité des grottes, un cri d'espoir et d'amour répondit :

« Dieu sauve l'Irlande ! »

— L'Irlande sera sauvée, poursuivit le prêtre. Le règne de l'iniquité ne saurait être éternel. Dieu chérit l'Irlande comme sa fille bien-aimée; il la voit pauvre, bannie pour la cause de la croix, il la relèvera triomphante et glorieuse. »

Les poitrines se soulevaient dilatées par ses paroles.

« Je ne vous parle pas de jours lointains, je ne vous montre point un mirage. Il semble que les décrets de la Providence marquent le terme de la proscription. Tudor et Stuart vous ont tour à tour opprimés, fils catholiques du Connaught ! Mais voici que la France vient à votre secours, et Dieu veuille que la France sauve l'Irlande !

— Vive la France ! cria la foule, comme elle avait crié : Dieu sauve l'Irlande !

— Charles Ier roi d'Angleterre a pour compagne Henriette-Marie, fille de Henri IV. Vous trouverez en elle un appui sincère. Tout ce que le cœur de cette princesse renferme de courage et de bonté concourra, n'en doutez point, à l'affranchissement de l'Irlande. Si Charles Ier se laissait entraîner par des conseillers farouches, avares et fanatiques, l'autorité pleine de charme de la fille des Bourbons le ralliera à votre cause. Il existe un parti catholique à Londres, il existera une chapelle catholique au palais ; on verra autour de la jeune reine des femmes, des seigneurs qui, Français ou Anglais, sont de votre communion et vous doivent un appui fraternel! N'avais-je pas raison de vous dire que vous verriez des temps meilleurs? N'est-ce pas la main de Dieu qui a placé sur le trône d'Élisabeth la fille de Henri IV et de Marie de Médicis ? Le roi, qui ne connaît pas la profondeur de notre misère, le roi que trompent des conseillers perfides, écoutera la voix de la reine Henriette-Marie, qui lui dira la vérité sur nos oppresseurs et sur nous. En elle se réfugie notre espérance, seule elle garde mission de nous sauver ! Si nous l'avons pour nous, il nous sera facile de remporter le plus complet des triomphes. Je ne puis malheureusement quitter l'asile que l'un de vous m'a offert. Il est impossible que je parte pour l'Angleterre. Cependant l'un de vous doit voir Henriette-Marie. Il faut une audience de la femme de Charles Ier l'Irlande doit elle-même plaider sa cause et raconter ses malheurs. Ce voyage est hérissé de périls, long et dangereux : pourtant, je le sais, pas un de vous n'hésiterait à se mettre en marche, sans autre arme que son shillelah, sans autre ressource que la charité ! Mais si tous sont pénétrés du même sentiment d'amour pour la mère-patrie, il est un de vous que ses vertus, sa vieillesse et ses sacrifices placent naturellement à votre tête. Ses cheveux sont blancs, et sa force décline ; mais il a pour soutien douze vaillants fils possédés du même courage que lui. Il m'a semblé qu'à cet homme le plus noble et le plus résigné dont Dieu nous ait donné le modèle, était réservé l'honneur de défendre les droits des catholiques proscrits et des Irlandais affamés.....

— Finn-Bar ! Finn-Bar ! crièrent mille voix.
— Que Finn-Bar plaide notre cause !
— Finn-Bar sera notre ambassadeur !
— Par saint Patrik, Finn-Bar seul mérite cette preuve de la confiance de tous ! »

Le prêtre jeta un regard rapide autour de lui, et chercha dans la foule le vieil Irlandais.

Finn-Bar s'avança lentement.

C'était un homme de soixante-dix ans, aux proportions athlétiques, à la chevelure argentée. Son regard n'avait rien perdu de sa vivacité première; sa bouche annonçait la bonté; toute sa physionomie respirait l'indulgence et l'enthousiasme. Il était la plus majestueuse incarnation du peuple d'Irlande, fort et robuste sous une apparence de vieillesse.

— S'il faut courir un danger, je suis prêt, dit Finn-Bar d'une voix calme ; mais s'il s'agit de heurter à la porte du palais des rois, je ne puis le faire. J'ai la rudesse des paysans, et je ne saurais parler aux majestés de la terre. Que diraient d'ailleurs les gardes de la reine, en voyant un homme portant le carrick Irlandais, demander une audience ? On me chasserait comme un mendiant, et ma mission resterait inachevée.

— Vous la remplirez, Finn-Bar, répondit une jeune fille en touchant de la main le bras du vieillard, je vous en fournirai le moyen.

— Toi, Jessy ?

— Oui, moi, Finn-Bar, si notre père m'autorise à parler.

Le prêtre fit un geste d'assentiment.

Le cercle des auditeurs se rétrécit.

— Vous avez connu Georgina, lady Georgina, reprit Jessy d'une voix harmonieuse; mais vous ignorez quel mystère et quelles douleurs environnèrent son berceau. Son père lord Egton, aima une fille d'Irlande, et l'épousa en gardant secret son mariage... Il se souvenait que, sous le règne d'Édouard IV, le comte de Desmond, l'un des plus grands barons Anglonormands de l'Irlande, avait été condamné à mort et exécuté pour avoir épousé une femme de sang irlandais... Lord Egton chérit fidèlement Catherine, et quand elle mourut, si grand fut son désespoir qu'il n'eut pas la force d'embrasser l'enfant qu'elle venait de mettre au monde... Georgina laissée au château d'Egton entre les mains de ses femmes, grandit seule ;

je me trompe, elle grandit avec moi... Pendant notre enfance nous ne nous sommes guère quittées. Ma mère était l'amie de Catherine qui ne gardait point de secret pour elle... quand ma mère, cette sainte ! me quitta à son tour, elle voulut que Georgina reçut ses adieux en même temps que moi-même. Elle fit jurer à l'enfant de lord Egton de regarder toujours Jessy comme sa sœur... à Jessy, de tout sacrifier pour Georgina... La fille de lord Egton, et la descendante du roi O'Connor se sont juré une amitié fraternelle, près du lit d'agonie de ma mère... Deux ans après que le ciel m'eut faite orpheline, Georgina reçut une visite inattendue... celle de son père... Ah ! toute la tendresse qu'Egton avait ressentie pour Catherine se réveilla pour l'enfant qu'il avait d'abord repoussée. Georgina reprit en une heure ses droits à l'amour du malheureux éprouvé par une perte cruelle. Ne pouvant plus songer à se séparer de l'enfant qu'il venait d'adopter, de reconnaître, lord Egton, en partant pour l'Angleterre, emmena avec lui Georgina. Nous avons bien pleuré toutes deux la veille de ce départ ! Je tremblais pour elle, et Catherine tremblait pour moi ! Nous renouvelâmes notre serment d'éternelle amitié, et je jurai à Georgina qu'avant une année je ferais le voyage de Londres... Ce matin, un messager m'a remis une lettre de ma sœur. Georgy me rappelle ma promesse. Elle me répète de ne rien craindre, m'assure de l'efficacité de sa protection, et m'apprend qu'elle est au nombre des filles d'honneur d'Henriette-Marie. Par Georgina, Finn-Bar obtiendra une audience de Sa Majesté la Reine ; je le prie de vouloir bien me servir de guide pendant la route.

— Dieu soit loué ! dit le prêtre avec ferveur.

— Je partirai quand vous voudrez, mon père, ajouta le vieillard.

— Seul ? demandèrent douze hommes en se détachant de la masse des auditeurs ?

— Seul, répondit le vieillard en regardant avec orgueil les jeunes gens qui formaient un groupe à sa droite.

— La route est longue! dit Patrick, l'aîné de la famille.

— Les presbytériens remplissent les villes et les campagnes! ajouta Sam.

— Emmenez-nous ! dirent ensemble les fils de Finn-Bar.

— N'aurais-je point l'air d'avoir peur ? me faut-il une armée pour traverser l'Irlande ?

Merci, mes fils! La compagnie de Jessy me suffira. Pendant mon absence, nos frères peuvent avoir besoin de vous.

— Bien ! dit le prêtre au vieillard.

— Me mettrai-je en route demain, mon père ?

— Lorsque le sang de la patrie coule par toutes les veines, pouvons-nous attendre ?

Jessy s'agenouilla.

— Bénissez-moi ! dit-elle au prêtre.

— Dieu soit avec vous, ma fille !

Pour la dernière fois l'*Erin go braegh !* retentit dans les profondeurs de la salle, et Jessy et Finn-Bar se trouvèrent au milieu de leurs amis.

Ce fut à qui les remercierait de leur dévouement, les encouragerait à poursuivre une mission sacrée.

Au lieu de l'expression douloureuse qui le plus souvent se trahissait dans les assemblées mystérieuses des Irlandais, on n'entendait ce soir là que des paroles d'espérance.

Ceux qui auraient pu croire que la patrie était morte, comprenaient sa vitalité héroïque, en mettant à cette heure la main sur le cœur même de l'Irlande.

Il semblait aux enfants de l'Hybernie que la

victoire était décisive. Par avance ils escomptaient leur succès.

Rien ne pouvait se placer entre Finn-Bar et la Reine, entre Georgina et Jessy.

Le prêtre souriait paternellement à l'explosion de cette joie.

Jamais, du reste, avénement de souveraine ne fut plus religieusement acclamé que celui d'Henriette-Marie ! Jamais peuple ne fonda sur une femme de plus grandes espérances que les enfants du Connaught en songeant à la fille de Henri IV. Elle était plus qu'une femme et une majesté, cette Henriette que devaient immortaliser à jamais le sang du roi Charles et les larmes de Bossuet. On la vénérait, on l'aimait, on la croyait destinée à l'accomplissement de grandes choses. On l'acclamait au fond des grottes de cristal avec un enthousiasme dont les lords anglais eussent été jaloux, et qui eut fait tressaillir d'orgueil les gentilshommes formant son cortége royal de Paris à Westminster.

Quand cette explosion de joie fut un peu calmée, le prêtre montra du geste les torches de *bog-pine* qui gagnaient les ferrures et menaçaient de s'éteindre. Alors lentement, à la file, les proscrits abandonnèrent la salle et gagnèrent le couloir.

Quand ils en sortirent, la lune brillant de tout son éclat jetait sur la mer déferlante ses lueurs tranquilles. La tempête de la vague faisait trêve.

Il parut à tous que le calme de la nature, la splendeur de la nuit, la magnificence de cette solitude étaient une preuve certaine que le Seigneur ratifiait les paroles d'espérance tombées de la bouche de l'évêque Colomban.

Isolés de la foule et de leurs amis, Finn-Bar et Jessy marchaient l'un près de l'autre, tandis que les douze fils du vieillard les suivaient à une respectueuse distance.

II

DEUX JEUNES FILLES.

Lady Georgina était assise dans sa chambre en face d'un métier à tapisserie; de temps en temps elle cessait de nouer ses laines pour jeter un regard dans les vastes jardins du palais. Elle soupirait alors, songeant aux forêts d'Irlande qu'elle ne devait plus voir, aux montagnes dont elle ne parcourait plus les sentiers. Privée de sa mère à l'heure où elle entrait dans la vie, toutes les affections de Georgina s'étaient concentrées sur son pays natal. De son père elle connaissait à peine le nom; autour d'elle on répétait qu'il était un beau seigneur portant avec grâce de magnifiques habits, et que sa noblesse le plaçait au premier rang des pairs du royaume.

Mais quand elle avait questionné pour en apprendre davantage, Maud, sa nourrice n'avait pu rien dire de plus, ou bien elle ne l'avait pas voulu.

A quoi bon semer un doute dans l'esprit de l'enfant, et la porter à moins aimer son père ?

Deux fois dans sa vie lord Egton avait manqué de courage : la première en cachant son mariage avec Catherine, la seconde en abandonnant l'enfant qu'elle venait de lui donner.

Il donnait bien pour excuse à son brusque départ le désespoir dont il était atteint, mais de longues années se succédèrent sans le ramener près de sa fille.

Quelques-uns disaient tout bas et sans oser l'affirmer, tant le fait paraissait monstrueux aux habitants du Connaught, que lord Egton, avide de faveurs et accoutumé au séjour de la cour d'Angleterre, faisait pour s'y maintenir dans ses emplois, des concessions au parti des réformés.

Il n'avait pas complétement abdiqué la foi irlandaise, il ne tombait pas dans le mysticisme affecté des presbytériens, mais il abandonnait ses croyances lambeau par lambeau, dans la crainte de devenir suspect au Parlement.

Le roi Charles qui éprouvait des embarras de conscience et se posait de graves interrogations, se prit d'amitié pour Henri Egton, parce qu'il trouvait un reflet de ses propres inquiétudes d'esprit dans celles de son favori.

Le lord d'Irlande laissa s'écouler quinze années entre la mort de Catherine et son voyage dans le pays où il l'avait épousée.

Qu'aurait-il été y faire ! Son *agentland* possédait la totalité des baux dont le tarif était fixé et perçu par les *middlemen*. Ses affaires d'intérêt n'exigeant point sa présence, qu'eut-il été chercher au manoir d'Egton, proche de cette baie sombre dans laquelle s'engouffrait la mer ?

Son indifférence pour sa fille n'était point l'unique obstacle à son voyage dans le Connaught.

La tendresse sourde, mêlée de curiosité et de remords qu'il ressentait malgré lui pour la fille innocente de Madame Catherine, loin de l'attirer comme un moyen de salut, l'épouvantait comme un danger.

Il ne se sentait pas digne d'élever cet ange.

Non point qu'Henri Egton eut cherché dans le désordre l'oubli du passé, mais ses idées avaient pris un cours nouveau, les grandes commotions religieuses agitaient trop l'Angleterre et l'Écosse pour que l'on songeât au plaisir. Depuis que se jouaient tant de lugubres tragédies terminées par le meurtre d'une reine et la mort successive d'insolents favoris; depuis que la persécution contre le papisme semait la défiance dans les familles, on oubliait les grandes fêtes dont Élisabeth aimait la splendeur.

Ce qui absorbait lord Egton, ce qui le troublait et lui faisait craindre de reprendre sa fille, autant que s'il se fût agi pour lui de commettre un crime, c'était la situation perplexe de son âme, son manque d'énergie, ses fluctuations dogmatiques, que la politique variait à son gré.

Gardait-il bien le droit d'élever l'enfant de Catherine, ce courtisan qui penchait chaque jour plus bas vers l'abîme de l'apostasie ?

S'il allait chercher Georgina au fond de l'Irlande, s'il l'amenait chez lui, ne se verrait-il point forcé, sous peine de devenir suspect, de la faire élever dans les idées anglicanes ? Mais au moment où il se posait cette question terrible, sa conscience se révoltait. A demi vaincu par l'ambition, il ne se reconnaissait pas le droit de faire entrer sa fille dans une voie dont Catherine l'eut détourné avec horreur.

Il avait tant de fois juré à la jeune femme de laisser sa fille libre de vivre dans la religion catholique qu'il n'osait encore manquer à une promesse sacrée.

Le plus sage, le plus simple était de laisser grandir Georgina au château d'Egton, jusqu'à ce qu'elle fut en âge d'être amenée à la cour et d'y choisir un époux.

Georgina venait d'avoir quinze ans quand lord Henri Egton arriva un soir au vieux château.

En reconnaissant le maître absent depuis si longtemps, Maud laissa tomber sa quenouille et fut saisie d'autant d'étonnement que de joie.

Le gentilhomme saisit les mains de l'excellente créature, puis il demanda :

— Ressemble-t-elle à sa mère ?

— On dirait deux lis d'une même branche, répondit Maud.

— Où est-elle ? reprit Egton.

— Dans la chapelle.

Henri fit un mouvement de mécontentement.

— Irai-je chercher lady Georgina ?

— Non, Maud, je préfère la surprendre.

Lord Egton traversa la cour, gravit deux degrés, et pénétra dans une chapelle ogivale, bijou de ce moyen âge qui donnait au granit les facettes du diamant.

Les vitraux coloriés jetaient sur le pavé des clartés joyeuses ; agenouillée sur un prie-Dieu, les cheveux libres de tout lien, recueillie, et pareille aux anges adorateurs sculptés sur l'autel, Georgina priait pour sa mère, dont elle savait que le cercueil avait été mystérieusement enfoui sous une des dalles du chœur.

Henri ne voulut point troubler son recueillement.

Après avoir imploré le ciel pour l'âme envolée, l'enfant demanda au ciel la félicité pour le père qu'elle ne connaissait point encore, et qui se trouvait si près d'elle.

Quand Georgina se leva, le soleil baissait à l'horizon, et frappait en plein la rose du portail aux fines arêtes. L'éclat de ces lueurs lui fit baisser les yeux, et elle n'aperçut point lord Egton qui l'enveloppait d'un regard heureux, surpris et charmé.

Quand la jeune fille se trouva près du seuil de la chapelle, le gentilhomme lui prit doucement la main.

Georgina leva la tête et poussa un petit cri de frayeur.

Alors Egton dit d'une voix douce :

— Je veux aussi moi prier sur sa tombe.

— Mon père ! s'écria la jeune fille.

— Oui, Georgy, votre père qui se reproche de vous avoir laissée grandir loin de lui.

Tous deux marchèrent en silence jusqu'à la pierre marquée d'une croix qui distinguait la sépulture de la pauvre irlandaise. Lord Egton ne fléchit pas le genou. Les bras croisés sur sa poitrine, absorbé dans ses pensées, il se souvint du passé que Catherine avait fait si beau, et dont il se voyait prêt de renier les derniers vestiges.

Il se demanda ce que le présent lui donnerait en échange des temps évanouis ?

Mais alors ses regards rencontrèrent Georgina, et il comprit quelles joies nouvelles pouvaient naître d'une tendresse jusque-là méconnue. Quand un espoir consolant eut chassé les nuages amassés par de lointains souvenirs, Henri releva sa fille et quitta l'église avec elle.

Georgy marcha dans la cour en se tenant un peu en arrière ; elle regardait avec une sorte de crainte, ce beau seigneur aux élégantes façons qui était son père, et qui pouvait disposer de sa vie.

La taille d'Henri Egton était haute, bien prise ; il portait avec une grande aisance le pourpoint de velours, le petit manteau, le collet de dentelle. Sa main emprisonnée dans un gant de peau de daim, était d'une aristocratique finesse, et ses larges bottes à entonnoirs faisaient ressortir la petitesse de son pied.

L'ensemble de cette élégance frappa Georgy accoutumée aux simples costumes des paysans.

Une vision de la cour passa devant ses yeux.

Elle jeta un regard sur sa modeste robe de laine, d'une forme austère, sur ses manchettes de toile sans guipure, et pensa que son père devait se sentir mécontent de la trouver si peu semblable aux nobles dames de Londres.

Henri Egton devina sa pensée, car il répondit avec un sourire :

— Ne soyez pas inquiète, Georgy ; dans peu vous porterez les parures qui conviennent à une fille de votre rang ; aujourd'hui vous ressemblez à une austère puritaine.

— Je n'ai point pu copier les toilettes des dames de la cour, mon père, dit Georgy d'une voix douce. Dans ma chambre se trouve un portrait représentant ma mère à mon âge et vêtue de la sorte, il m'était doux de copier ce pauvre costume. D'ailleurs, ajouta-t-elle, en agissant ainsi, je ne risquais pas d'humilier mes humbles voisins.

— Qui sont vos voisins, Georgina Egton? demanda le comte Henri avec hauteur. En Irlande les châteaux ne fraternisent point entre eux. Éloignés les uns des autres, cachés dans les bois, ou bâtis comme des aires au sommet des monts, ils semblent se redouter et se fuir. Le plus proche est celui d'Oranmore, et ses maîtres n'habitent point le Connaught.

— Pardonnez-moi, mon père, dit Georgy d'une voix tremblante, j'étais seule à Gallway; la tristesse a plus d'une fois oppressé mon cœur, et j'ai choisi à Egton une amie pauvre de biens, riche de qualités précieuses... Jessy ne possède pas un pouce de terre, mais ici nul ne conteste sa descendance en droite ligne du roi O'Connor. Si elle porte la mante rouge des filles du Connaught, pas une femme de la cour de France ou d'Angleterre ne l' surpasse en beauté, en loyauté, en noble courage. Elle m'a aimée la première, parce qu'elle me voyait isolée; et à mon tour, je l'aime de toute mon âme.

— Vous la nommez?

— Jessy O'Connor.

— Je l'aimerai donc pour l'amour de vous Georgy.

Le père et la fille entrèrent dans la grande salle.

Le château d'Egton était vaste, de belles proportions, et fait pour abriter ces races féodales qui maniaient tour à tour l'épieu de chasse et la hache d'armes. Il fallait dans ces pièces énormes une réunion nombreuse, cinquante convives autour de la table de chêne, et le long des couloirs les valets échelonnés. Vide, le manoir d'Egton ressemblait à un immense mausolée. On y avait froid en dépit du feu. Les chambres paraissaient vides, bien que remplies de bahuts, de grands siéges et de lits à baldaquin. Tout enfant, Georgy, qu'effrayait la solitude de ces salles gigantesques, avait obtenu qu'on lui réservât une petite pièce formant oratoire et dont l'unique croisée donnait sur la mer. Elle s'était entourée de tous les objets ayant appartenu à sa mère ; elle achevait les tapisseries commencées par elle, travail prodigieux auquel il semblait qu'elle dût dépenser sa vie. Quelques livres enfermés dans des écrins comme des joyaux ornaient les tablettes d'un meuble d'ébène aux incrustations d'ivoire. Un crucifix dominait le prie-Dieu à clochetons. C'est dans cette chambre que Georgy avait passé les cinq dernières années qui venaient de s'écouler. A peine échappée à l'enfance, elle éprouva le besoin de la réflexion. La mort de sa mère, l'absence de lord Egton, jetaient sur sa vie un voile de tristesse. Elle se regardait comme complétement orpheline, les rares nouvelles qu'elle recevait de son père témoignant d'une quasi-indifférence. Pour l'aimer avec un dévouement aveugle, irréfléchi, une tendresse de servante et de nourrice, elle gardait Maud, qui avait connu Catherine et ne tarissait pas d'éloges dès qu'elle parlait de lady Egton, morte si jeune et avant d'avoir vu son enfant sourire. Ensuite pour partager ses premiers jeux et s'entretenir de ses premiers rêves, elle eut Jessy, la belle et grave Irlandaise qui l'aimait avec le sentiment d'une égalité fière, et ne croyait point que les revenus de lord Egton augmentassent le nombre de ses quartiers de noblesse.

Jessy était trop pauvre pour acheter des livres et prendre des leçons ; elle lut les quelques volumes de son amie, les copia, apprit ce que savait Georgina, et forma à son tour l'âme de la jeune fille. Jessy avait l'âme fortement trempée. Irlandaise, elle grandissait dans l'attente de la persécution. Les premiers mots qui frappèrent son oreille furent : proscription.... exil... tyrannie ! Une nuit, dans les grottes de cristal, soulevée sur les bras robustes de Finn-Bar, elle promit, la main sur le Christ, de mourir pour la défense du culte héréditaire de l'*Ile des Saints*.

Georgina et Jessy se lièrent d'une étroite amitié. Georgy eût souhaité que Jessy habitât le château ; mais la descendante de O'Connor eût craint qu'on l'accusât de désertion dans le camp des pauvres et des persécutés. Elle continua donc de demeurer dans une pauvre cabane dont l'unique salle séparée en deux servait à la fois de crèche pour la vache et de chambre pour elle. Finn-Bar, dont elle était parente, envoyait tour à tour un de ses douze fils bêcher le champ qui formait son mince patrimoine.

Jessy supportait sa pauvreté avec une sorte d'orgueil. Jamais elle n'eût consenti à changer quelque chose à son costume ; le seul objet de luxe qu'elle portait était une croix d'émeraudes, grossièrement taillées en lourds cabochons comme les bijoux que l'on voit au musée des souverains. Cette croix était le dernier vestige de la splendeur de sa race. Elle serait morte de faim, avant de songer à vendre ce joyau qui pour elle représentait l'histoire de ses aïeux. Quand Jessy se trouvait avec Georgina, elle se faisait raconter les légendes royales ; quand elle s'asseyait au foyer de Finn-Bar, elle le priait de lui dire les légendes de Brandon et de Patrick, et la vie de Colomban le fondateur de monastères.

Georgina et Jessy étaient deux belles et modestes filles, douées de toutes les qualités qui font le charme de leur sexe, et possédant en outre une force morale qui les rendait capables de défier l'infortune.

« J'aimerai Jessy ! » avait dit Henry.

Cette promesse ne reçut d'autre preuve qu'un accueil bienveillant lors de la visite que l'héritière de O'Connor fit le lendemain à son amie.

Lord Egton, à peine arrivé en Irlande, éprouvait la hâte d'en partir. On eût dit que le tombeau de Catherine criait contre lui et le repoussait, ou plutôt que de cette tombe sortait une voix mystérieuse qui lui ordonnait de faire le bonheur de Georgina.

Ce bonheur, Egton se jurait-il de le réaliser ?

En voyant la ressemblance frappante de la jeune fille avec Catherine, il comprit qu'il pouvait aimer son enfant et que les années pendant lesquelles il s'était privé de la com-

pagnie de cet ange allaient être amplement
compensées. Henry ne songeait plus à quitter
sa fille, mais la trouvant belle à miracle et songeant à quel point le roi l'honorait de sa faveur,
il se dit que Georgy deviendrait un nouvel
échelon pour sa fortune. Ami de Strafford et de
Buckingham, lié avec les plus riches gentilshommes de la cour de Charles I*er*, il étayerait
sa maison par une riche alliance et choisirait
pour gendre un homme dont les opinions
pures de toute suspicion éloigneraient de lui les
doutes dont il avait parfois peur.

Le roi se mariait : il épousait une princesse
de seize ans, élevée à la cour de France, la
plus élégante des cours ; l'heure était favorable
pour Egton, il demanderait une charge de
demoiselle d'honneur pour Georgy et l'attache-
rait à la jeune reine.

La résolution de lord Henry fut donc bien
vite prise. Après le souper, que par habitude
il fit servir dans la grande salle, il dit à sa fille
avec une grande douceur dans la voix et une
certaine crainte au fond du cœur :

« Vous devez vous ennuyer ici, chère enfant ?

— Non, mon père, répondit-elle ; je lis, je
travaille ; souvent avec Jessy je parcours la
campagne pour remettre des secours aux indi-

gents. Je suis née en Irlande, et il me semble qu'ailleurs je ne saurais vivre.

— L'Angleterre est pourtant plus belle et plus fertile... La capitale est pleine de palais, la cour est le rendez-vous de toute la jeunesse riche et noble... Avez-vous parfois songé aux pompes de ces réceptions, à ces fêtes...

— J'espère n'y aller jamais ! murmura Georgy.

— Les filles de notre maison ont des devoirs à remplir, répliqua lord Egton.

— Je fais de mon mieux pour être utile, mon père ; à qui rendrais-je service en portant des robes magnifiques et des dentelles de prix ?

— Vous me feriez plaisir, Georgy.

— Ah ! vous voulez m'emmener ! s'écria-t-elle.

— Oui, certes, et je ne compte point laisser lady Georgina mourir dans cette campagne déserte. Vous avez abusé de la solitude, ma fille ; ou plutôt tous les torts sont de mon côté, et j'ai hâte de vous faire oublier ma conduite... Vous pouviez croire que je vous abandonnais...

— Si vous viviez à Egton, que je serais heureuse !

— Georgy, si vous m'aimez, vous me suivrez avec joie.

— Vous avez parlé de devoir, mon père; je comprends.

— Et le cœur, Georgy, le cœur ne vous dit-il rien ?

— Ce cœur est timide et peureux ; il ne vous connaît pas encore, mon père. Je vous vénère de toute mon âme, mais je laisserai ici la tombe de ma mère, que vous avez assez aimée pour n'avoir pas le courage de m'embrasser après qu'elle a été morte... Et puis, je ne suis point Anglaise, moi ! Née en Irlande, j'aime l'Irlande ; je respecte plus la descendante des O'Connor que je ne ferai peut-être de Charles Ier. Il me semble qu'en abandonnant le Connaught je dis adieu à mes paisibles années... Là-bas, je vais me trouver au centre de ces révoltes d'esprits, de ces guerres de religion qui brisent tous les liens. Ici je ne puis être que persécutée... Non, mon père, si vous me laissiez maîtresse de ma volonté, je ne quitterais point ce château, vieux nid de cormoran dressé sur la falaise ; mais selon votre volonté je ferai, vous priant du moins de me pardonner mes pleurs.

— Je les essuierai ! répondit Eglon avec élan.

— Et quand partirons-nous ? demanda Georgy.

— Dans deux jours, ma fille. »

Lord Egton effaça par un baiser deux larmes silencieuses sur les joues de sa fille.

« Deux jours pour dire adieu à Finn-Bar, à Maud, à ma sœur Jessy, à tous ceux que j'aime ! rien que deux jours !

— Milord-duc revient dans un mois de la cour de France où il a épousé pour le roi la fille du roi Henri IV ; et j'espère que sa gracieuse Majesté vous attachera à sa personne. »

Georgy se leva toute tremblante.

— J'ai besoin de me recueillir, mon père, de prier, et aussi de pleurer... Dans deux jours je serai prête à vous suivre ; permettez-moi de me retirer.

— N'aimeras-tu ? demanda lord Egton.

— Vous aurez en moi une fille respectueuse et soumise, mon père ; en ce moment vous me mettez à une rude épreuve, et je rassemble mes forces pour la supporter. »

Telle fut la première soirée que le père et la fille passèrent ensemble.

Dès le matin Georgina quitta le manoir et courut à la cabane de Jessy.

En la voyant si pâle, la descendante de O'Connor jeta un cri :

« Qu'as-tu ? demanda-t-elle en pressant Georgy sur sa poitrine, qu'as-tu ?

— Lord Egton est ici.

— Ah ! tu vas partir ? dit Jessy frappée d'un pressentiment.

— Il demande que je l'aime.., et il m'arrache au tombeau de ma mère, à ma vieille Maud, à toi ma sœur... à l'Irlande, à ma pauvre chère Irlande dont j'aimais la campagne jolie, les rives dentelées de caps, les baies pleines de bruit... Il m'emmène à Londres, à la cour... Que sais-je ! il m'a parlé de la jeune reine que l'on attend, et dont je serai une des filles d'honneur... Que faire ?... La souffrance est si grande au fond de mon âme que j'en arrive à la révolte... Ce père, je ne le connais pas... Il m'a laissée quinze ans aux soins de Maud, à ton amitié : que réclame-t-il ? que veut-il ?... Quand il a négligé la tombe de la femme et le berceau de l'orpheline, garde-t-il le droit de dire à l'enfant : « Je t'arrache à tout ce que tu as aimé ? » Non, cet ordre me semble monstrueux et cruel...

— Paix, ma Georgy ! ne laisse pas la douleur t'atteindre et t'envahir à ce point. L'épreuve est rude, tu devais l'attendre. Lord Egton pouvait-il laisser à perpétuité l'héritière de son immense fortune dans le manoir de la baie de Gallway ?

— Il le devait ! il le devait, Jessy, puisqu'il m'avait repoussée !

— Tu oublies Dieu, Georgy, Dieu qui veille sur toi et qui conduit la volonté de ton père, tandis que celui-ci semble suivre sa propre impulsion. Va ! tu ne peux approfondir mes regrets, et les tiens ne les sauraient égaler. Soumets-toi : aussi bien la résistance serait inutile, et tu contristerais un père que tu dois t'efforcer d'aimer.

— Ainsi tu crois...

— Il faut partir, Georgy, ma chérie ! mais en nous quittant laisse-nous une part de toi, n'oublie pas tes amis, ne trahis pas l'Irlande ! Songe que là-bas tu seras en Angleterre, et que ta nation et ton culte seront à toute heure insultés ! Montre-toi digne de ta mère, digne du respect et de la tendresse que nous avons pour toi... Ah ! va, si je ne me croyais obligée de vivre dans le Connaught, si je ne pensais que ma destinée doit s'y fixer, je ne te laisserais point t'éloigner seule... Mais je sens en moi quelque chose qui me dit que ma place est avec ceux qui souffrent, avec ceux qui peut-être deviendront des martyrs.

— Ah ! Jessy, ma sainte Jessy ! que vais-je devenir loin de toi ?

— Tu lutteras, tu lutteras comme nous ; l'arène sera différente. Un jour tu épouseras quelque lord anglais ou quelque grand seigneur d'Écosse, tu obéiras en cela encore à ton père... Souviens-toi seulement que Catherine était catholique et qu'on meurt pour sa foi plutôt que de la trahir.

— Nous reverrons-nous jamais, Jessy ?

— Je l'espère, Georgina ; mais échangeons un serment : tu m'appelleras dans la douleur et si j'ai besoin d'aide, c'est à toi que je recourrai.

— Je le jure ! dit Georgina.

— Sur cette croix sacrée ?

— Sur cette sainte relique, oui, Jessy. »

Les deux jeunes filles s'étreignirent avec une tendresse désolée, puis l'héritière de lord Egton quitta la cabane de Jessy, elle avait peur de défaillir.

Le vieux Finn-Bar et ses fils apprirent avec une douleur sincère le départ de Georgina. La jeune châtelaine vit des larmes dans tous les yeux, elle pressa des mains tremblantes, elle entendit des vœux ardents de bonheur pour elle ; et l'âme bouleversée elle revint au château, manda la vieille Maud et voulut une dernière fois que la fidèle nourrice veillât son sommeil.

Au jour fixé, Georgina, selon sa promesse, la trouvait prête à partir. Ses larmes étaient séchées. Elle demeura silencieuse pour qu'on ne s'aperçût pas qu'elle refoulait des sanglots, et tandis que le lourd carrosse l'entraînait sur la route de Dublin, elle repassait dans sa mémoire les souvenirs d'un passé datant d'hier et déjà si loin !

Lord Egton respecta cette naïve douleur. Il fut rempli de soins et d'attentions pour sa fille ; et quand Georgina arriva à Londres, elle comprit qu'à force de se sentir aimée, elle parviendrait à aimer.

Henry Egton ne s'était point flatté de vaines espérances. Georgy fut désignée pour faire partie des demoiselles d'honneur de la reine. Elle ne se réjouit point d'occuper un poste qui excitait l'envie de toutes les jeunes filles de son âge, et volontiers elle eût abandonné la cour et ses fêtes pour retourner dans le Connaught, la plus pauvre province de la pauvre Irlande.

A peine Georgy fut-elle en possession de sa charge, qu'elle s'empressa d'envoyer de ses nouvelles à Jessy. La descendante de O'Connor reçut la longue missive de son amie le matin du jour où les fidèles devaient s'assembler dans les grottes de cristal.

Georgy, que nous avons vue à Londres assise dans l'embrasure d'une croisée, brodant distraitement et laissant ses regards s'égarer sur les massifs du jardin, se demandait si bientôt Jessy O'Connor répondrait à la longue lettre qu'elle lui avait expédiée depuis longtemps déjà, quand une fille de service entra dans sa chambre.

« Lady Egton peut-elle recevoir une visite ?
— Mon père ?
— Non, milady, une jeune fille.
— Son nom ?
— Elle ne l'a pas dit... Elle semble peu riche et porte une grande mante rouge comme le Irlandaises.
— Jessy ? s'écria Georgina, ma chère Jessy !
— Me voici, dit la jeune fille qui avait lentement monté les escaliers et se trouvait alors sur le seuil de la chambre.
— Laissez-nous, » dit Georgy à la suivante.

Puis jetant de nouveau ses bras autour du cou de Jessy :

« Tu es venue, dit-elle, de si loin ! tu n'as point oublié Georgy, la pauvre Georgy, qui ne sent plus le vent âpre et sain de la mer, qui ne respire plus la senteur des *bog-pine*, qui n'entend plus parler la langue aimée du Connaught! Ah ! il me semble que je renais à la vie en écoutant ta voix, en regardant cette mante nationale ! Dieu soit loué, toi aussi tu m'aimes toujours.

— Georgy, répondit Jessy O'Connor, si je suis venue, c'est que j'ai besoin de toi. «

III

L'AUDIENCE.

Lady Eglon entoura d'un bras caressant la taille de son amie.

« Alors, dit-elle, je dois doublement te remercier.

— Il ne faut rien à l'héritière de O'Connor, reprit l'Irlandaise d'une voix devenue grave ; c'est la patrie qui réclame ton aide. Tu es fille d'un seigneur anglo-normand, et sans nul doute un pair d'Angleterre demandera ta main. Pourtant, Georgy, tu resteras Irlandaise, parce que le sang de Catherine coule dans tes veines, et que ton âme a reçu l'enseignement de l'évêque. Depuis ton départ nos malheurs grandissent. La persécution s'étend à tous. Les biens de la terre repris, on s'attaque à nos personnes. La mort, la prison et l'exil menacent tout Irlandais catholique; la paix ne s'achète qu'au prix de l'apostasie. Nos prêtres se cachent pour célébrer le saint sacrifice ; à nous voir errants la nuit par les routes désertes et les *bogs* à demi submergés, on nous prendrait pour des gens méditant un crime et courant à quelque réunion équivoque. L'Irlande est abattue et l'ennemi lui met le pied sur la gorge...

— Hélas ! murmura Georgy.

— Il appartient aux enfants de sauver leur mère.

— Comment ? oh ! comment ? s'écria lady Georgina Egton en interrogeant le Ciel du regard.

— Nous sommes bien peu de chose, reprit Jessy O'Connor, mais l'instrument n'est rien, la main du Seigneur est tout. Si l'Irlande peut se relever, ce n'est ni par la révolte ni par la force des armes ; le sang a coulé à flots, l'indignation a levé des armées, un moyen plus doux et plus sûr se présente... Quand les Juifs furent condamnés par Mardochée, Esther obtint d'Aman leur grâce et leur salut...

— Et tu crois...

— Que la reine Henriette-Marie est à cette

heure toute-puissante sur l'esprit et le cœur de Charles I"".

— Peut-être as-tu raison, répondit Georgina dont le visage s'éclaira d'un sourire ; mais il faut parler à la reine.

— On lui parlera.

— Toi, Jessy ?

— Je ne suis qu'une pauvre fille, sans l'autorité de l'âge et de l'expérience ; il ne m'appartient point de parler aux grands ; tout ce que je puis, c'est prier aux pieds de Dieu... Mais il est un homme probe et loyal, un patriarche de l'Irlande qui a vu spolier sa fortune et ne garde pour richesse que douze fils, nobles soutiens de leur père ; celui-là peut élever la voix au nom de tous, car nul ne représente mieux la dignité et la sainteté persécutées de la patrie.

— Finn-Barr ?

— Lui-même.

— Et il demande ?

— Une audience de la reine.

— Supposons qu'elle l'accorde, un mois est nécessaire pour avertir mon vieil ami.

— Finn-Barr m'accompagne.

— Et tu ne l'as pas amené ici ?

— C'eût été manquer de prudence ; ma mante d'Irlandaise te compromet bien assez...

Songe donc de quel œil nous eussent regardés les pages et les gardes, en apercevant ce vieillard en carrick, un lourd shillelah à la main, et qui à toutes les questions que l'on se serait cru en droit de lui faire, aurait peut-être répondu : *Erin go braegh.*

— Tu as raison, Jessy, et tu attends de moi...

— Une audience de la reine pour Finn-Bar. Peut-elle inaugurer son règne d'une façon plus digne? Est-il un acte qui attirera davantage sur elle la bénédiction de Dieu?

— J'ai bien peur, dit Georgy. Songe donc, je suis depuis un mois à peine attachée à Henriette de France.

— Quand ton service t'appelle-t-il auprès d'elle?

— Dans une heure.

— Eh bien, j'attendrai ici une bonne nouvelle.

— Ton courage me gagne, dit Georgina en relevant le front. Oui, je parlerai ; la reine est aussi bonne que belle ; d'ailleurs nous ne demandons rien pour nous, et les prières désintéressées portent bonheur. »

Les deux jeunes filles s'entretinrent alors l'une de la vie nouvelle qu'elle menait à la cour d'Angleterre, l'autre des amis communs que

Georgy avait quittés. La fille de lord Egton ne
s'accoutumait pas à l'air de la cour. Elle trouvait les entretiens frivoles, les fêtes bruyantes.
Sans l'affection que lui inspirait la jeune reine,
elle eût supplié son père de lui permettre de se
démettre de sa charge. Mais Henriette-Marie
semblait si heureuse de se sentir aimée par les
filles de l'Angleterre, elle déployait une bonne
grâce si parfaite, une bonté si affectueuse pour
celles dont elle devinait les sentiments dévoués, que Georgy restait à la cour pour l'amour d'elle. Henriette, adorée des quelques
jeunes femmes et des gentilshommes qu'elle
avait amenés de France à sa suite, trouvait
dans la plupart des nobles dames d'Angleterre
et d'Écosse une roideur trop puritaine. Leur
costume austère, leur langage affecté, la sourde
haine qu'elle devinait contre elle, et la mauvaise volonté permanente dont elle avait des
preuves, la portaient à se retourner du côté où
elle se savait comprise et aimée. Les Français étaient donc en grande faveur à la cour.
Les seigneurs anglais ne manquèrent pas d'en
faire la remarque; tous, à l'exception peut-
être du duc de Buckingham, blâmèrent hautement la reine de ses préférences nationales.
Quant à milord-duc, il approuvait Henriette-

Marie de tout son cœur, se souvenant, au milieu de la petite cour française rassemblée autour d'elle, de cette merveilleuse cour de France d'où il était à peu près banni, et au sein de laquelle la guerre seule le ferait rentrer. Henriette-Marie était la belle-sœur d'Anne d'Autriche, et ce titre suffisait pour que le duc approuvât toutes les pensées et tous les actes de la reine.

Strafford lui était moins favorable.

Chéri du roi presque au même degré que milord-duc, son amitié gardait quelque chose de plus mâle. Strafford possédait une valeur morale bien supérieure à celle de Buckingham. Son éducation, ses habitudes et ses amitiés, tout contribua à lui former un caractère dont, sans injustice, on ne saurait méconnaître la grandeur. Mais si Marie Stuart portait malheur au soutien de sa cause, l'amitié de Charles Ier sembla mortelle à tous ceux qui le défendirent et l'aimèrent. Glaive ou poignard, toute arme fut bonne pour lui enlever ses défenseurs et ses partisans. Charles subissait l'influence d'Henriette ; il n'en rougissait point, car la jeune femme était bonne conseillère, et si les presbytériens reprochèrent à l'infortuné monarque d'avoir été faible dans mainte circonstance, cette accusation était au moins exagérée.

Qu'on se représente du reste la situation du roi lors de son avénement au trône.

Charles I*er*, recueillant l'héritage de Tudor, venait d'être proclamé roi d'Angleterre et d'Écosse. Élisabeth, en dépit de son habileté et de la forte direction qu'elle imprima aux affaires de l'État, ne réussit point à comprimer entièrement l'esprit d'opposition et d'indépendance qui gagnait les masses. Le libre examen accordé pour tout ce qui concernait les questions religieuses fut appliqué à la politique. On se demanda pourquoi, puisque l'on contrôlait les livres de Dieu, on ne discuterait point les ordonnances du souverain ou les bills du parlement. La faiblesse de Jacques I*er* et son inaptitude aux affaires augmentèrent le mal. Au moment où Charles monta sur le trône, l'effervescence était grande dans les masses, et le trône perdait de son ancien prestige.

Charles I*er* était véritablement digne de régner, il possédait des qualités sérieuses. Instruit, grave, pieux, bon, courageux dans le malheur, intrépide au moment du péril, il eût gouverné ses peuples d'une façon heureuse et paisible à toute autre époque. Le torrent de la réforme l'entraîna. Il ne comprit pas l'imminence du danger; il apprécia mal son siècle et son peuple.

Charles Ier avait vingt-quatre ans quand il monta sur le trône. Il crut qu'il pouvait régner comme ses prédécesseurs. Il ne se rendit pas compte que la réforme, en bouleversant les lois religieuses, avait ébranlé, sinon abrogé, toutes les prérogatives. La majesté absolue n'existait plus. Les haines des sectaires, la violence des partis, les divisions au sein même de la révolte creusaient un abîme dans lequel ne pouvait manquer de tomber ce prince digne d'une meilleure destinée.

Préoccupé des difficultés qui s'opposaient à ses desseins les meilleurs, il se crut sauvé du jour où il ne lutta plus seul. Henriette-Marie, qui devait faire preuve d'un si constant héroïsme, transforma tout autour d'elle. Il sembla à Charles que le malheur ne pouvait plus l'atteindre. Il oublia ses embarras d'argent, les ennemis que lui suscitait la haine générale contre Buckingham, les brèches faites au trésor par les prodigalités de son père, ses embarras présents et les menaces de l'avenir. Il oublia qu'il allait avoir à soutenir une lutte formidable contre le parti qui s'appelait celui des *Saints*, farouches fanatiques qui enveloppaient le catholicisme et la royauté dont ils suspectaient la ferveur dans un même anathème. La chambre des communes, formée presque complétement de *Saints*, devenait hostile à Charles, pour ce seul fait qu'il épousait une princesse catholique ; la Chambre des lords, ou Chambre haute, souhaitait la disgrâce de Buckingham, et pour l'obtenir, les membres blessés par la fierté du jeune homme étaient prêts à prendre les mesures les plus hostiles au gouvernement du roi. Au moment de son mariage, le monarque oublia tout ce qui pouvait l'attrister et l'inquiéter, et s'abandonna complétement au bonheur d'une union à laquelle il ne manqua que la médiocrité pour être heureuse, et qui fut couronnée des palmes de la douleur sanctifiée par la foi. Devenu père, Charles I" crut sa félicité encore mieux établie, et au moment où commence ce récit, tout semble présager à la famille des Stuarts une longue prospérité.

En songeant donc à la tendresse que le roi témoignait à Henriette-Marie, la fille d'honneur ne doutait pas du succès.

Le plus difficile était de trouver le courage de parler à la reine.

L'heure de son service ayant sonné, lady Georgina Egton quitta Jessy O'Connor.

La reine était retirée dans un petit salon et lisait quand la jeune fille pénétra auprès d'elle.

Henriette-Marie semblait préoccupée.

Le doux regard de Georgy l'interrogea.

« Oh ! je le sais, tu m'aimes, toi ! dit la reine ; mais hélas ! tu es peut-être la seule, parmi cette cour orgueilleuse au milieu de laquelle je suis emprisonnée.

— Oh ! Votre Majesté... et lady Aubigny ?

— Celle-là encore, peut-être, je le veux croire, poursuivit la reine avec tristesse, car j'ai besoin de me savoir aimée... O France ! ma chère France ! je comprends que Marie Stuart pleurât en te quittant... Que suis-je ici ? Une étrangère ? Je ne parle pas la langue de cette nation ; je ne m'habitue pas à son puritanisme ; je n'entre pas dans ses temples... On ne me le pardonnera jamais ! Sais-tu ce qu'on a osé demander au roi Charles ? Sais-tu par quelle manifestation la Chambre haute vient de commencer ses travaux ? Elle a voté une *pieuse pétition* au roi pour solliciter, au nom de la *vraie religion* (le protestantisme), l'exécution immédiate des lois contre le catholicisme !

— Oh ! mon Dieu ! mon Dieu ! dit Georgy en joignant les mains.

— Le roi n'a pas osé m'en parler encore. S'attaquer au catholicisme c'est me blesser au cœur ! frapper tous ceux qui m'entourent et qui m'aiment ! atteindre ces braves gentilshommes français que le roi convia à ses noces ! Enfin c'est me menacer moi-même.

— Ah ! s'écria Georgy, j'ai mal choisi mon heure, et malgré la bonté inépuisable de Votre Majesté, ma cause est perdue.

— Quelle cause ?

— Celle de notre foi commune.

— Tu venais demander...

— Grâce pour l'Irlande, Majesté, pour la pauvre Irlande qui tend vers vous ses bras enchaînés et sanglants.

— Oh ! je comprends, dit Henriette, dont les grands yeux s'animèrent, ils ont droit de se dire dans cette terre arrosée de larmes : Une reine nous a été donnée, une reine catholique et Française ; cette reine nous défendra. Et tu le vois, Georgy, je ne puis me défendre moi-même.

— Pourquoi désespérer, Madame ? le roi ne peut-il repousser le vote de la Chambre ?

— Il le peut et il le fera, je réponds des miens : il faudrait monter jusqu'au trône pour les atteindre. Tu te trompais donc, Georgy, en disant que l'heure était défavorable pour présenter ta requête. Si je me trouvais seule en cause, j'hésiterais peut-être ; la nécessité de parler haut en faveur d'une nation tout entière me donnera du courage. Songer à soi est si peu de chose ! Je sens bien que pour dépenser les forces de mon cœur, il faudra toujours plus que mon intérêt personnel. Qui demandait mon secours ? De qui voulais-tu me parler ?

— Oh ! que Votre Majesté est bonne ! dit Georgy en se laissant tomber aux genoux de la reine... Je suis Irlandaise, et lord Egton mon père ne m'a point élevée. J'ai donc grandi dans le Connaught au milieu de nobles et pauvres Irlandais qui, dépossédés de leurs biens sous Henri VIII, vivent maintenant du lait de leurs troupeaux et de pain d'avoine. Parmi ceux qui occupaient jadis un rang élevé et que le malheur n'a pu faire déchoir, est un vieillard, Finn-Bar, dont les douze fils gardent l'âme des chevaliers anciens. L'évêque Colomban, qui brave la rigueur des lois promulguées contre les papistes, l'a chargé de mettre aux pieds de Votre Majesté l'expression de l'amour de l'Irlande, et de lui exposer ses malheurs. Tous là-bas vous vénèrent et vous aiment ; tous savent que, si notre patrie doit être sauvée, vous en serez l'ange libérateur.

— Ce serait grand et beau ! s'écria la reine.

— Ce serait digne de vous, Majesté !

— Et ce vieillard...

— Attend que vous daigniez le recevoir.

— Ce soir, ce soir même, lady Egton. La manifestation hostile de la Chambre haute exige qu'on agisse avec vigueur. Je verrai Finn-Bar, je saurai ce que demande l'Irlande ; puis je parlerai au roi ! »

La fille d'Henri Egton porta la main de la reine à ses lèvres.

« Merci, Georgy, dit la reine, vous m'avez ménagé un bonheur en me donnant le moyen de soulager des douleurs plus grandes que les miennes.

— A quelle heure Votre Majesté recevra-t-elle Finn-Bar ?

— Après le souper, tu l'introduiras.

— Comment franchira-t-il le seuil du palais ?

— Il montrera ce sceau à l'un des gardes. »

Georgy prit le cachet de la reine, s'inclina une dernière fois, et se relevant :

« Votre Majesté me permet-elle de faire prévenir Finn-Bar ?

— Qui enverras-tu ?

— L'héritière des rois de la Verte Erin, Jessy O'Connor.

— Va, répondit la reine, et reviens vite, j'ai besoin de toi. »

Georgina s'éloigna rapidement ; elle avait hâte de porter une bonne nouvelle à son amie.

Jessy O'Connor l'attendait avec une vive impatience.

En voyant le sourire qui éclairait le beau visage de Georgy, elle comprit que la reine consentait à entendre l'envoyé du Connaught.

Elle saisit les deux mains de lady Egton et les pressa sur sa poitrine avec une tendresse pleine de reconnaissance et d'enthousiasme.

« Ah ! Dieu vous bénira, dit-elle, car vous vous montrez la digne fille de l'Irlande. »

Un instant après Jessy quittait son amie et descendait les larges escaliers du palais. Comme elle se trouvait sur la dernière marche, un grand mouvement se fit dans la galerie qui s'étendait en face, et dix jeunes seigneurs anglais fastueusement vêtus entrèrent, formant joyeuse escorte au plus beau et au plus riche d'entre eux.

Le simple costume de Jessy, sa mante rouge, l'expression un peu hautaine de son visage formaient un ensemble si nouveau pour les jeunes désœuvrés qu'ils enserrèrent en quelque sorte, l'Irlandaise dans un cercle, fixant sur elle des regards hardis et curieux.

« Hé ! la belle fille, dit l'un d'eux en essayant de prendre la main de Jessy, c'est une surprise de voir beauté semblable alliée à simplicité pareille. Quand on possède vos yeux, il y a crime à se vêtir de la bure comme les petites puritaines effarouchées...

— Je porte le costume de mon pays, et je garde la fierté de ma race, répondit Jessy O'Connor, en étendant le bras pour écarter les gentilshommes. Si vous n'êtes point accoutumés, Messeigneurs, à voir les déshérités et les proscrits franchir le seuil du palais, c'est que Sa Majesté Henriette-Marie l'habite depuis peu de temps encore, et ce sera un grand honneur pour elle de vous y accoutumer.

— Par ma foi ! répondit le jeune fou, vous parlez comme à la cour, la belle Connaugate ! et votre éloquence ne donne qu'un plus vif relief à vos charmes. »

Jessy jeta autour d'elle un regard inquiet.

D'une main elle serra autour d'elle les plis de sa mante, de l'autre, elle tenta une seconde fois d'entr'ouvrir la barrière vivante qui se plaçait devant elle.

Rien n'était comparable à la splendide beauté de Jessy en ce moment.

Debout sur les degrés de marbre, enveloppée d'un vêtement de couleur pourpre qui faisait ressortir sa pâleur, ses cheveux noirs tressés en grosses nattes la couronnant comme un diadème, l'œil indigné, la bouche méprisante, les narines gonflées, elle contenait avec peine le flot d'amères pensées qui s'élevaient dans son âme.

Enfin, croyant trouver plus de pitié de son angoisse chez le gentilhomme dont le grand air et la suprême élégance distançaient tous ses compagnons, elle dit en s'adressant à lui seul :

« Sur mon âme, Monseigneur, j'ai une grave mission à remplir. Chaque minute est précieuse, et si vous vous opposiez plus longtemps à ma sortie, de grands intérêts se trouveraient compromis. Je demande libre passage, et, femme, je réclame votre respect au nom de vos mères, de vos sœurs...

— Et vous ne le réclamerez pas vainement, dit le fier seigneur. Puis montant d'un degré, et présentant son bras à l'Irlandaise :

— N'ayez plus peur, dit-il, ce que je protége est bien protégé. »

Les jeunes gentilshommes répondirent à ces paroles par un éclat de rire.

Alors le chevalier de Jessy O'Connor, qui gardait à son bras l'Irlandaise, tira de la main qui lui restait libre sa mince épée du fourreau, et regarda ses compagnons d'un air de défi hautain.

« Si par hasard, dit-il, vous ne trouviez pas que vos pourpoints ont assez de crevés, voici de quoi en taillader, à chacun de vous, Messeigneurs ! »

Quelques jeunes gens haussèrent les épaules, d'autres s'avancèrent pour répondre à cette agression. Mais pas un ne releva le cartel du gentilhomme ; leurs groupes se divisèrent, et bientôt Jessy atteignit l'extrémité de la galerie.

« Avez-vous encore besoin de moi ? lui demanda le gentilhomme d'une voix respectueuse, contrastant étrangement avec les premiers regards qu'il avait jetés sur elle.

— Tout m'effraye ici, milord, répondit la jeune fille ; s'il se fut agi d'une grâce particulière à demander, je n'eusse pas abandonné les rudes rochers du Connaught ; mais le devoir a parlé, j'ai obéi. Pauvre fille, je dois obtenir une audience de la reine, je réussirai, et, ma mission remplie, je regagnerai l'Irlande.

— Je suis influent auprès du roi, reprit le gentilhomme, et je tiens à réparer ma faute de tout à l'heure.

— J'espère tout de Sa Majesté la reine, répondit Jessy O'Connor; mais si j'échoue, je me souviendrai de votre offre.

— Et vous vous adresserez à moi en toute confiance, répondit le jeune homme en tendant à Jessy un billet sur lequel il venait d'écrire son nom. »

Jessy releva vivement la tête, en lisant le nom de Montrose.

L'espoir lui affluant au cœur colora ses joues pâles; elle remercia le gentilhomme avec vivacité; puis, lui désignant à la porte du palais un vieillard à barbe blanche assis sur un banc de pierre :

« Maintenant, dit-elle, je suis en sûreté ! »

Montrose s'inclina devant elle, comme il eût fait devant une princesse du royaume, et la jeune fille le salua d'un beau sourire.

Finn-Bar s'était levé en la reconnaissant.

« Eh bien ! ma fille ? demanda-t-il d'une voix où perçait l'inquiétude.

— Tout va bien, mon père; ce soir, l'envoyé du Connaught plaidera devant la reine la cause de la patrie ! »

Finn-Bar se signa et se découvrit.

En attendant l'heure de l'audience, tous deux parcoururent les rues de la grande cité, surpris de ce bruit, de ce mouvement auxquels ils n'étaient point accoutumés. Ils firent un frugal repas dans une taverne; puis la nuit venue, ils reprirent le chemin du palais.

Pour en franchir le seuil, Jessy O'Connor n'eut qu'à montrer le sceau de la reine.

Finn-Bar et sa compagne se rendirent d'abord dans l'appartement de Georgina.

La jeune fille les attendait avec une vive inquiétude. Dès qu'elle aperçut Finn-Bar, elle se jeta dans ses bras.

Le patriarche irlandais comptait saluer gravement cette belle lady richement vêtue; mais l'élan de Georgy fut irrésistible.

« Ah ! dit Finn-Bar, lady Egton ne renie point le passé !

— Le passé est toute ma joie et mon seul refuge, répondit la jeune fille; c'est en vain que l'on transplante en Angleterre la plante sauvage des bogs irlandais ! elle regrette le sol natal et la brise marine. Sous mes habits de cour j'étouffe, et le costume que je portais là-bas me manque à toute heure. Lord Egton s'est trompé; je suis moins son enfant que celui de Catherine ! Quand je vois un paysage d'Irlande, que ce nom seul frappe mon oreille, je sens une commotion au cœur ! Finn-Bar ! Finn-Bar ! souvenez-vous que ma vie, ma religion sont celles de nos frères, et là où vous souffrirez et où vous m'appellerez, j'irai... Allons, l'heure est propice, la reine attend, venez ! veuille le Ciel que vous touchiez l'âme d'Henriette-Marie et que la cause de la justice l'emporte sur le anatisme et la cruauté !

— Quoiqu'il arrive, Georgina, vous aurez rempli dignement votre tâche, et les fidèles Irlandais ne se réuniront jamais dans les grottes de cristal sans prier pour votre félicité. »

Les trois personnages se trouvaient en face d'une porte que lady Egton ouvrit avec une clef de bronze.

« Attendez ici, » dit-elle en laissant Finn-Bar et Jessy O'Connor dans un salon tendu de damas jaune.

La demoiselle d'honneur souleva la portière d'une petite pièce doucement éclairée, pleine de fleurs, et qui formait un cadre en harmonie avec la beauté délicate et fine de la reine.

« Madame, dit Georgy, l'Irlande frappe à votre porte. »

Henriette-Marie se leva, fit un geste rapide, et Georgy reparut aussitôt, tenant Jessy par la main.

L'Irlandaise baisa la main de la reine.

Le vieux Finn-Bar mit un genou en terre.

Les deux jeunes filles disparurent et le vieillard resta seul avec l'épouse de Charles Ier. La majesté royale ne l'intimidait pas. Il avait trop conscience de la grandeur de sa mission pour trembler devant les grands de la terre; d'ailleurs le visage d'Henriette-Marie respirait une bonté indulgente. Elle encourageait du regard cet homme simple et convaincu, et Finn-Bar parla avec une éloquence native capable de remuer les plus insensibles.

Il raconta les persécutions passées, montra les massacres ordonnés par Henri VIII, les fléaux engendrés par les rigueurs d'Elisabeth, les maux de toutes sortes fondant sur l'Irlande quand les hommes de loi contestèrent la propriété du sol à ceux qui en jouissaient depuis de longues années. Puis, passant de la situation religieuse à la situation politique de l'Angleterre, aux divisions qui séparaient l'Écosse en deux camps ennemis ayant encore chacun leurs subdivisions, il prouva que l'intérêt même du roi exigeait qu'il cessât de persécuter l'Irlande. L'Angleterre haïssait ses amis, froissait ses affections les plus chères, lui refusait son argent et sa confiance ; il fallait qu'il trouvât ailleurs, sinon des trésors, du moins une armée.

« L'Irlande a du sang à verser à défaut de subsides à fournir. Pauvre et bannie, elle ne demande qu'à reprendre son rang dans les nations. Pour vous l'attacher, ô Reine, pour qu'elle vous engage sa foi, que faut-il ? Lui permettre de s'agenouiller devant le Christ que vous adorez ; lui laisser ses prélats et ses prêtres, et ne pas lui vendre, au prix de l'infamie et de la trahison, le droit de fouler une terre libre ! L'Irlande garde encore toute sa sève, les persécutions en l'éprouvant l'ont rendue pure comme l'or. Si le roi s'attire, en la protégeant, la haine des *zélés* et des *saints*, il groupera autour de lui la phalange des martyrs ! Pour prix de sa magnanimité et de sa justice, il acquerra plus qu'un peuple : il aura d'aveugles serviteurs, des sujets enthousiastes. Les révolutions pourront soulever le pays et troubler les masses, il saura que l'Irlande est prête à s'ouvrir les veines ! Et la nation qui a Dieu pour elle, en combattant pour le droit, peut être sûre du triomphe. »

Finn-Bar parlait avec l'animation dramatique, accentuée, particulière aux Irlandais. Quelque chose de prophétique vibrait dans sa voix.

La reine émue, palpitante, écoutait les mâles paroles du patriarche en s'associant de cœur à ses vœux et à ses larmes.

Soudain une main souleva la portière de tapisserie qui séparait le petit salon de la reine d'une étroite galerie, et un homme de fière tournure apparut en pleine lumière sur le fond sombre des tentures.

IV

PAROLE DONNÉE.

C'était un homme de vingt-cinq à vingt-six ans, au fin profil, à l'œil limpide et hardi, aux longs cheveux bouclés tombant sur un collet de point. Son costume de velours sombre faisait ressortir davantage la pâleur transparente de son teint. Des colliers d'ordres scintillaient sur sa poitrine. Il avait si haute mine et annonçait une bonté si parfaite, qu'au premier regard il était facile de reconnaître Charles Ier.

Henriette-Marie fit deux pas au-devant de lui.

« Madame, dit le roi, vous donniez audience?

— J'encourageais cet homme à vous parler lui-même, Sire ; ce qu'il m'a dit est juste, ce qu'il propose est peut-être un moyen de salut ! Je ne sais, mais il me semble que l'avenir est gros d'orages ! mes craintes pour vous ne font qu'augmenter ma tendresse. La chambre haute, les communes, la cour étoilée se liguent contre vous, Sire, ou plutôt contre moi. On ne vous pardonne pas d'avoir épousé une fille de France. Ceux qui accusaient Buckingham de folie et de dilapidation, sont les mêmes qui aujourd'hui s'attaquent à mes coreligionnaires. Dans ma sollicitude pour le roi, dans mon affection pour l'époux, j'ai donc voulu entendre l'envoyé que l'évêque Colomban charge de nous présenter les vœux de l'Irlande persécutée. Ce que demande ce pays, qui ne connaît de l'Angleterre que l'oppression et les ravages, c'est le droit de demeurer catholique. J'avoue, Sire, qu'à l'heure où le parlement ose vous prier de bannir mes gentilshommes et de poursuivre le papisme comme un crime, je me sens entraînée vers une nation dont rien n'a pu vaincre la constance et qui donne à une époque où tout se fait servile et accapareur, l'exemple de la liberté dans la misère et de la grandeur morale dans l'humiliation. Quand l'Écosse se soulève, que l'Angleterre multiplie le nombre de ses sectes, que les uns vous accusent de mollesse, les autres d'exagération, quand vous ne savez quelle serait l'attitude de la France s'il s'agissait de votre sûreté, il me semble juste et prudent autant que magnanime de relever l'Irlande abaissée en lui tendant votre royale main !

— Bien dit, ma noble Henriette ! fit Charles I*er*. Je venais à vous triste et sombre, comme vous me dites avoir vu si souvent Louis XIII, votre auguste frère ! J'avais besoin de consolation, vous me rendez le courage. Je cherchais le moyen d'échapper à ces orgueilleux lords, qui prétendent contrecarrer ma volonté, et vous me fournissez un motif héroïque ! Merci, Henriette, on ne pouvait moins attendre de la fille d'Henri IV. »

Puis se tournant vers Finn-Bar :

« Votre pays a donc plus souffert encore que je ne le croyais ?

— Sire, répondit Finn-Bar, les grands propriétaires de fiefs ont été indignement spoliés ! leurs châteaux sont devenus la part de butin des favoris d'Élisabeth et d'Henri VIII. Tous nos comtés ont pour maîtres des étrangers... Mon vieux manoir appartient à un favori du roi votre père. En même temps que, par son ordre, les princes irlandais Tyrone, Tyrconnel et Dogerthy, accusés d'avoir tramé un complot contre la personne de Jacques I*er*, furent dépossédés des six comtés du Nord qui leur appartenaient :

Armagh, Cavan, Fermanagh, Derry, Tyrone et Donegal, on m'enleva mes domaines situés dans le comté de Galway. Moi et mes douze fils, nous passâmes de la richesse à la misère; les mains qui maniaient l'épée durent prendre la bêche et le manche de charrue. Nous n'avons point trouvé qu'il y eût humiliation à cultiver le blé que jadis nous fournissaient les tenanciers. En tombant dans une pénurie extrême, nous nous sommes rapprochés du peuple. On nous interdit de porter l'épée, nous gardons le shillelah national ; on brise nos écussons et nos armures, mais on ne peut détruire la harpe d'Irlande qui vibre au plus profond de nos âmes. Sire, par saint Patrick, patron de la verte Érin, nous sommes restés les défenseurs de l'autel et du trône; le Christ bafoué et la majesté insultée ont également le droit de nous dire : Debout ! Nous souffrons du froid et de la faim ; on menace de mort nos prêtres, et chaque fois que nous nous réunissons pour assister aux offices sacrés, nous risquons notre vie. Autour de nous est le danger; en face, la force brutale. Le cœur de l'Irlande bat plus vite et plus haut à mesure qu'on tâche de le comprimer. Nous savons ce qui se passe ici, malgré notre éloignement. Le parlement est en opposition avec vos vues. La réforme de Calvin n'a pas suffi à quelques-uns ils demandent les doctrines de Luther. Vous leur semblez tiède; tout bas ils vous accusent d'hérésie ; demain, ils oseront crier ce qu'ils se répètent à l'oreille. C'est à l'aurore de son règne que le monarque doit montrer ce qu'il veut être. Vous pouvez gouverner dignement et noblement; il suffit pour cela de soutenir le faible, peut-être de l'appeler à vous. Ce ne sont point les cuirasses qui font les soldats vaillants, mais les convictions sincères. L'homme qui se bat pour gagner sa paie ne saurait se battre comme celui qui défend sa nationalité et sa religion ! Je viens vous offrir le bras de tous les Irlandais valides ; je viens vous dire : La vieillesse n'a point appauvri le sang dans mes veines ; j'ai douze fils dignes de leur race; nous savons où se cachent les braves d'entre les braves que les premières proscriptions chassèrent vers les hauteurs ! Un mot, Sire, et je vous donne une armée de fidèles, de héros et de martyrs ! »

Finn-Barr ne mentait pas à sa noble origine.

Il portait ses haillons irlandais avec la même dignité qu'un manteau de cour. Sa haute taille s'était redressée. Le coursier de race piaffait d'orgueil. La main qui tenait le shillelah redemandait un glaive. Il y avait dans toute la personne de Finn-Bar du guerrier et du prophète. Il remuait, il entraînait, il fouillait dans l'âme pour en tordre les fibres ; il s'adressait au cœur, à l'ambition, à l'amour de la gloire, à l'instinct de la liberté.

Il prouva au jeune roi irrité de l'attitude des chambres qu'il échapperait à leur tutelle dès qu'il le voudrait avec énergie ; il l'excita à venger les innocents ruinés par les favoris d'Henri VIII et de sa fille, et à humilier en même temps un parlement audacieux. Enfin, par une succession habile d'images, d'émotions et de raisonnements, il agit si puissamment sur l'esprit de Charles Ier, que celui-ci demanda :

« Quelles sont les forces de l'Irlande !

— L'Irlande a six millions d'habitants ; l'Irlande trouvera deux cent mille hommes. Sans équipement, sans pain et sans souliers, ils sont de force à vaincre l'Angleterre.

— Que demande l'Irlande ?

— La liberté du culte.

— Et qu'exigent les seigneurs dépouillés ?

— L'honneur de servir le roi.

— Pour ce qui est de la liberté du culte, reprit Charles, je l'accorde à cette heure à mes fidèles sujets d'Irlande ; je veux que la religion de la reine soit honorée et respectée. Je rendrai aux provinces irlandaises leurs prêtres et leurs prélats. Je n'oublie point que Rome donna l'Irlande à l'Angleterre, et que si nous régnons sur l'*île des Saints,* nous en restons redevables à Adrien IV. Si nous proscrivons la papauté, sous peine de contradiction avec nous-même, nous devons rejeter le présent accepté par Henri II. Du reste, nous ne pouvons le méconnaître si l'Irlande est peu redoutable comme nation, elle est à craindre quand on songe à l'importance que l'étranger lui donne. Elle peut être le point de mire des pays catholiques; elle est l'espoir de Rome, de l'Espagne et de la France. Ce ne seront pourtant pas ces vues politiques qui nous porteront à nous l'attacher. La voix de la justice parle plus haut que notre intérêt; avant peu nous aurons proclamé la liberté religieuse de l'Irlande ; dès ce jour vous pouvez la regarder comme conquise. »

Finn-Bar joignit les mains en se prosternant devant le roi.

« Relevez-vous, milord, dit Charles Iᵉʳ; votre démarche est le meilleur serment de fidélité que vous puissiez prêter à notre personne. Nous aurons besoin de vous peut-être. L'héritage des Tudor sera lourd à porter. Rallumez dans l'Ulster où trop d'Anglais séjournent, dans le Munster, le Leinster et le pauvre Connaught, l'amour de la royauté et la ferveur du culte. Dites à vos fils que le roi leur envoie douze épées que nous vous chargeons de leur remettre, et que, si notre cassette est vide et si le parlement s'obstine à nous refuser les subsides, nous casserons le parlement et nous lèverons seul les impôts. Le roi est le roi! Et de qui attendre l'énergie et le cœur, sinon d'un jeune monarque commandant à de braves gentilshommes et à de loyaux sujets? »

En achevant ces mots, Charles frappa deux coups sur un timbre.

« Mandez un des capitaines de ma garde, » dit-il au page qui venait prendre ses ordres.

Un moment après le capitaine entra.

« Apportez ici douze épées, Monsieur. »

Le capitaine sortit, quand il revint, douze glaives étincelaient et cliquetaient sous son bras.

Il mit un genou en terre pour les présenter au roi.

En se relevant, son rapide regard embrassa la scène étrange qu'il avait sous les yeux.

Assise sur un haut fauteuil, la reine, le coude appuyé sur le bras sculpté de son siége, fixait des yeux humides et brillants sur le roi.

Finn-Bar debout, grandi et rajeuni par la joie, les mains tremblantes, le cœur oppressé, restait sous le coup de la plus vive émotion qu'il eût jamais ressentie.

Quand il avait vu incendier son château, quand on le bannit de son domaine, il n'eut ni trouble ni frayeur. Finn-Bar pouvait dominer toutes les situations. Soldat, il savait supporter les privations, coucher sur la dure, vivre avec une sobriété inouïe; mais ce qui trouvait cet homme vaincu, presque faible, c'étaient les inspirations touchantes, les traits de générosité, les élans spontanés. Ses yeux trouvaient des larmes, et des sanglots s'amassaient dans son cœur.

Quand Charles Ier eut d'un geste congédié le capitaine, il posa la main sur les douze épées :

« Que vos fils les tirent toujours pour l'Irlande ! » dit-il.

Puis détachant la sienne et la donnant à Finn-Bar :

« La nôtre est pour vous, » ajouta-t-il.

Finn-Bar la reçut le genou en terre.

Puis se relevant et baisant la poignée :

« Je jure, dit-il, quoi qu'il arrive, et quelle que soit la destinée future de l'Irlande, de me dévouer non-seulement à la cause de ma patrie, mais à la personne de mon roi. Je fais serment sur mon éternel salut que ces treize épées demeureront un rempart entre Charles Ier et Henriette de France et les ennemis qu'ils pourraient avoir... Sire, ajouta Finn-Bar avec mélancolie, vous voulez et vous voulez sûrement le salut de l'Irlande, vous m'avez donné votre parole de roi et de gentilhomme ; mais si, à Dieu ne plaise ! vous échouiez dans ce généreux projet, mes fils et moi nous nous tenons obligés de mourir pour votre service ! »

— Parole de roi, foi de gentilhomme ! répéta Charles, si l'Irlande est perdue, je serai perdu moi-même.

— Finn-Bar, ajouta la reine, vous direz aux filles du Connaught que je les aime, et qu'un jour viendra où les enfants des lords d'Irlande auront leur place près de moi, comme les héritières des lords anglais. Pour commencer à leur prouver en quelle affection je les tiens, ramenez ici, pour être présentée au roi, la descendante d'O'Connor.

Le vieillard se dirigea vers le salon où les deux jeunes filles l'attendaient.

Pendant qu'il leur transmettait l'ordre de Charles Ier, Henriette-Marie pressait sur son cœur la main de son époux.

« Il bat de joie et d'orgueil ! dit-elle.

— Vous êtes un ange ! répondit Charles.

— Non, fit Henriette en secouant la tête, mais je vous aime profondément, et je sens aujourd'hui que mon amour a grandi de toute la magnanimité dont vous venez de faire preuve. »

Charles baisa les doigts d'Henriette avec une tendresse émue.

En ce moment Finn-Bar revenait, tenant par la main Georgina et Jessy O'Connor.

Le roi sourit en voyant les belles Irlandaises.

« Mon enfant, dit Henriette-Marie à Jessy, je sais quelle est votre amitié pour lady Georgina Egton, ne la quittez plus ; les héritières de vieille race ont leurs entrées de droit dans notre palais, et vous y serez traitée avec égards et tendresse.

— Madame, répondit Jessy, j'apprécie, croyez-le, les bontés de Votre Majesté. Si je cédais au sentiment qui m'attire vers vous, à l'amitié qui me lie à Georgina, je resterais, Madame ! mais il me semble que je dois remplir une mission là-bas... Jusqu'à ce que la cause de l'Irlande ait triomphé, je me dois à ceux qui souffrent. Le jour où mes efforts ne leur seront plus utiles, je reviendrai...

— Quel que soit le jour, quelle que soit l'heure, vous serez la bienvenue. »

Et comme la jeune fille présentait le sceau qui lui avait servi de sauf-conduit, Henriette tira une bague de son doigt et la remit à la main de Jessy.

« Je possède maintenant deux bijoux sacrés, dit la descendante d'O'Connor : cette croix, seul héritage de mes pères, et la bague de la reine.

— Au revoir, Finn-Bar ! dit le roi.

— Où, Sire ?

— En Irlande, je l'espère !

— Dieu vous exauce !

L'audience était finie.

Finn-Bar cacha sous le carrick irlandais les douze épées remplaçant son shillelah, et Georgy entraîna le vieillard et Jessy dans son appartement.

Tous trois passèrent de longues heures à s'entretenir de la patrie, des promesses du roi, de la bonté de la reine. Ils pleuraient de joie, se serraient les mains, exaltaient la Providence, et voyaient dans un terme prochain la harpe d'or de l'Irlande devenue l'égale du lion britannique.

La nuit était avancée quand Finn-Bar et Jessy se retirèrent. Les adieux furent exempts d'amertume et de regrets. L'avenir semblait si beau que le présent s'oubliait. Jessy voyait comme dans une vision la jeune reine émue, tremblante, belle de pitié, belle de grâce, et le chevaleresque Charles Ier, distribuer les épées qui devaient affranchir sa patrie.

« Ah ! s'écria Jessy, une fois l'Irlande libre, tu pourras revenir à Galway, ma Georgina !

— Crois-moi, répondit lady Egton, je rentrerais plus vite dans le Connaught, si notre patrie ne sortait pas de l'esclavage !

— Ce n'est pas le jour des tristes pensées, reprit Finn-Bar ; le trèfle de saint Patrick rayonne comme une étoile ! Dieu vous garde, Georgy... Venez, Jessy O'Connor.

— Quand partez-vous ? demanda lady Egton.
— A l'aube. »

Finn-Bar et Jessy la quittèrent.

Lorsque le matin éclaira le ciel de lueurs indécises, le vieillard, portant attachés sur son dos les douze glaives cachés, retenus par des courroies, traversa les rues de la ville, suivi de Jessy

O'Connor. Celle-ci venait de ramener sur son front le capuchon de sa mante rouge, lorsqu'un groupe de jeunes gens, légèrement avinés, déboucha par une ruelle étroite.

Les uns chantaient, les autres riaient du rire idiot provoqué par le vin ; quelques-uns cherchaient des motifs de querelle ; les plus sages marchaient seuls, hésitant dans leur route et sentant déjà vaguement le dégoût qui suit l'orgie.

Finn-Bar saisit la main de Jessy et l'attira contre la muraille, afin d'empêcher que ces étourdis à moitié ivres l'aperçussent.

« Et voilà les amis du prince ! murmura la jeune fille, les regardant s'éloigner.

— Non, répondit Finn-Bar, ce sont les favoris de Charles et les ennemis de la royauté. »

La route fut longue et pénible pour les voyageurs.

Afin d'arriver plus vite à Galway, ils doublèrent les étapes.

Jessy O'Connor ne se plaignait pas, mais ses forces étaient à bout quand elle toucha les rives d'Angleterre. Le trajet en barque lui procura un peu de répit.

En abordant la côte irlandaise, elle se sentit de nouveau forte et vaillante.

Elle traversa le Westmeath et aperçut enfin les limites du Connaught.

Finn-Bar et Jessy oublièrent leurs fatigues quand ils aperçurent les mantes rouges des femmes, quand leurs yeux s'égarèrent sur les *bogs*, qu'ils purent saluer de la voix et du geste les pauvres *turfe-cutters* armés de la pelle de bois qui leur sert à couper la tourbe, et qu'ils rencontrèrent les petits cours d'eau qui coupent les champs de l'Irlande.

A quelques milles de Galway, ils se hâtèrent davantage. Un chœur de voix mâles chantait un *billiburo* populaire.

Finn-Bar s'arrêta un instant, Jessy O'Connor poussa un cri de joie.

« Ce sont mes fils, dit le vieillard, mes nobles fils qui prédisent le salut de l'Irlande dont je leur apporte le gage. »

Un moment après en effet, le vieil Irlandais et sa jeune compagne aperçurent les douze jeunes gens.

La haute taille de Finn-Bar le faisait reconnaître.

En un instant il fut entouré de ses enfants.

Ils échangèrent de vives étreintes, des mots entrecoupés.

Jessy, demeurée un peu en arrière, reçut à son tour la bienvenue.

Tous lui baisèrent la main avec respect; seul, Patrick, l'aîné, dont tout le sang affluait au cœur, s'inclina sans prononcer une parole.

Le front de l'Heirss' se couvrit d'une fugitive rougeur.

Pendant le trajet Finn-Bar raconta ce qui s'était passé à Londres. Il vanta la beauté, la grâce d'Henriette-Marie, et répéta le serment qu'il avait fait de sacrifier ses dernières forces au service de la famille de Charles Ier et à l'affranchissement de l'Irlande.

Les jeunes gens l'écoutaient avec des frémissements de joie et d'orgueil.

Chacun demandait des détails sur le fils de Jacques Ier, sur la fille de Henri IV.

Ben, le dernier-né de Finn-Bar, ramenait l'entretien sur Georgina avec une tendre préoccupation. Son cœur battait pendant que Jessy lui rappelait que lady Georgina Egton n'oubliait ni le domaine de Galway ni les compagnons de son enfance.

Finn-Bar arriva enfin dans la chaumière que ses fils avaient bâtie.

« Il faut, leur dit-il, que l'évêque Colomban connaisse au plus vite le résultat de mon voyage, et que nos amis se réunissent pour entendre de ma bouche les promesses du roi.

— Nous nous sommes entendus hier, dit Patrick, et la prochaine assemblée aura lieu dans huit jours

— Nous ne pouvons attendre huit jours, ni même deux journées, reprit Finn-Bar.

— Recourons aux signaux, dit Sam.

— Où est logé l'évêque? demanda Finn-Bar.

— Chez Owen.

— Natty le préviendra. En même temps, sur les pointes des caps et sur le sommet des collines, s'allumeront des feux destinés à faire comprendre qu'un événement grave se prépare.

— Je cours chez Owen, dit Natty.

Patrick voulut détacher les courroies avec lesquelles son père avait lié le faisceau d'épées.

« Arrêtez, mon fils, dit le vieillard.

— Ah! fit Patrick, il me semblait entendre le cliquetis du fer.

— Il n'est pas temps de vous partager ces armes, repartit Finn-Bar; mais rassurez-vous, elles vous sont destinées.

— *Erin go braegh!* » s'écria Patrick.

A peine la nuit commença-t-elle à épaissir l'atmosphère, que les branchages de *bog-pine* s'entassèrent sur les caps avancés et au sommet des monts. De brillantes flammes montèrent vers le ciel, comme un signal de joie et un sacrifice de reconnaissance.

Les premiers qui les aperçurent se demandèrent s'il fallait s'inquiéter ou se réjouir ; mais le bruit ne tarda pas à se répandre que Finn-Bar revenait porteur de bonnes nouvelles. Ce fut dans tous les environs de Galway un mouvement, un bonheur indescriptibles. On partait en courant, ne croyant jamais arriver assez vite. Le prélat prévenu récitait en marchant les psaumes célébrant la délivrance d'Israël. Bien avant l'heure habituelle des assemblées, les routes creusées dans les rocs, les escaliers suspendus aux falaises, les chemins à demi effondrés étaient parcourus, descendus, franchis par une foule avide. On se pressait sur la dangereuse corniche, on s'étouffait dans le couloir sombre. Au moment où s'allumèrent les premières torches, les exclamations de joie retentirent. L'impatience agitait les groupes, les questions se croisaient. L'activité d'esprit des Irlandais se montrait dans toute sa naïveté.

Il ne fallut rien moins que l'arrivée de l'évêque pour calmer les têtes exaltées.

Comme c'était l'habitude, la messe fut d'abord célébrée.

Ensuite Colomban entonna le *Te Deum*.

Quand l'évêque revint au milieu des fidèles, après avoir déposé dans le tabernacle de la grotte les vases sacrés qu'il avait défendus contre la profanation, il étendit la main vers Finn-Bar.

Sans fausse modestie le noble Irlandais répéta l'entretien qu'il avait eu avec le roi, les promesses que Charles I*er* le chargeait de transmettre à l'Irlande; il en donna comme preuve l'épée du prince qui battait son flanc, et les douze glaives que l'évêque venait de bénir.

La foule interrompait Finn-Bar par ses bravos. Les fils du grand vieillard se sentaient fiers de lui devoir la vie. On ne redoutait plus la misère, le froid : on ne se demandait plus ce que réservait le lendemain. Le noble Charles promettait de délivrer l'Irlande, et l'Irlande à son tour jurait de mourir pour lui.

Ce fut une de ces heures qui marquent dans la destinée des peuples: heure réellement grande, héroïque, sans alliage et sans faiblesse. Dieu et la papauté, l'évêque et la noblesse s'unissaient dans le même ordre d'idées.

Charles I*er* fut véritablement roi d'Irlande,

roi sacré par des larmes de joie, roi béni, roi aimé ; et jamais pendant la durée de son règne ses meilleurs amis ne demandèrent avec plus de sincérité son bonheur à Dieu !

La famille de Finn-Bar reçut de justes éloges de la bouche de Colomban ; nul parmi les jeunes Irlandais ne se montra envieux de l'honneur dont ces jeunes gens étaient dignes.

Quand l'évêque leur ceignit tour à tour l'épée, la foule les acclama comme s'ils étaient les douze champions de l'Irlande.

Ils avaient raison d'être fiers, les nobles fils de Finn-Bar ! Mais si dix d'entre eux parurent sensibles à ces témoignages de confiance, l'aîné leva sur Jessy O'Connor un regard timide, tandis que le plus jeune songeait que cette épée pouvait lui gagner la main de Georgina.

« Et maintenant, attendez en paix l'aurore du jour marqué par le Seigneur, dit Colomban, et que sa bénédiction soit sur vous ! »

La foule s'écoula lentement.

Les onze fils de Finn-Bar marchaient par groupes.

Patrick demeura en arrière avec son père.

« Tout est grave aujourd'hui, dit-il, et la destinée de notre patrie va se décider grâce à vous; est-il permis, même au temps où l'intérêt général domine les autres questions, de songer à son bonheur ?

— Que voulez-vous dire, mon fils ? demanda le vieillard avec inquiétude.

— Mon père, l'absence de Jessy O'Connor m'a prouvé la profondeur de mon amour pour elle... Voulez-vous lui demander si elle consent à devenir ma femme ?

— Songez que la guerre peut éclater, mon fils !

— Il faut à Jessy l'appui d'un époux.

— Aurez-vous donc le courage de la quitter quand vous lui serez attaché par des liens sacrés et chers ?

— Jessy a l'âme héroïque ; la première elle m'y engagera.

— Vous m'assurez qu'il s'agit de votre bonheur ?

— Presque de ma vie, mon père.

— Eh bien ! dormez en paix, Patrick : demain Jessy O'Connor connaîtra votre désir. »

Le vieillard poussa un profond soupir, et garda le silence pendant le reste de la route.

V

FIANÇAILLES.

La chaumière de Jessy O'Connor se trouvait placée sur une éminence couverte de pins de marais, dont la verdure donnait un frais aspect à cette demeure de pauvre apparence.

Cependant, quand on la comparait aux misérables cabanes qui l'environnaient, on la trouvait presque fastueuse. Les murailles ne se composaient pas seulement de terre et de mottes de gazon, le toit n'était point de bruyère. Des mains industrieuses et patientes avaient façonné le *bog-pine*, et uni, mêlé tant de rondelles et de courtes branches avec une symétrie naïve, qu'à l'intérieur cette petite maison ressemblait à un de ces chalets de fantaisie qu'on place dans les parcs pour en varier les aspects.

Des fragments de roche avaient servi à fabriquer une cheminée vaste et commode, luxe inconnu dans la plupart des maisons irlandaises où la fumée de tourbe, après avoir rempli l'unique salle occupée par la famille et les bestiaux, s'échappe par un trou ménagé au centre de la toiture. Enfin des galets noirs, fins et polis, emmêlés de pierres blanches à reflets de silex, dessinaient des mosaïques sur le sol et le défendaient de l'humidité.

Il n'y avait point de vitres à cette pauvre cabane, et le châssis de la fenêtre s'éclairait vaguement grâce à la transparence des petites plaques de corne qu'on y avait enchâssées. Quand le temps étaient beau, cette fenêtre s'ouvrait, et Jessy s'asseyait dans l'embrasure d'où elle découvrait la baie de Galway.

Un bahut garni de quelques vases d'étain d'une forme ancienne et bizarre, et d'écuelles de bois sculpté, se trouvait d'un côté de la cheminée ; de l'autre s'étendait un grand coffre servant de banc ; une table occupait le centre de la salle, et des chaises d'une forme spéciale, sortes de baquets recouverts d'un tissage de jonc, s'alignaient en face de la cheminée Une grande figure de saint Patrick faisait face à celle de Finn-Bar, cet autre patron de l'Irlande, le saint à la *blanche chevelure*.

Une petite porte, à demi cachée par un rideau rouge, donnait entrée dans un réduit si étroit qu'il fallait simplement le considérer comme une alcôve. Une étroite couchette s'y cachait. Jessy O'Connor, aussi pauvre que la plupart des filles nées sur le comté du Connaught ou y ayant été exilées, ne pouvait oublier qu'elle descendait des rois d'Irlande et gardait dans sa pénurie la réserve pudique de ses royales aïeules.

Une propreté minutieuse règne dans cette maison modeste. Une sorte de gaieté s'y fait même jour. Des branches de pin et de houx remplissent de rustiques corbeilles.

A côté de la maison se trouve l'étable. Moins haute que l'habitation, elle s'étaie sur quelques pieux, étalant les planchettes arrondies de sa toiture comme les écailles d'un monstrueux poisson pêché par les marins du Connaught.

Les râteliers sont remplis de fourrage ; une belle vache à l'œil doux, aux mouvements indolents, arrache de temps en temps, au bout de son mufle rose une feuille jaunie sur des brins de foin. Une chèvre blanche couchée sur la litière cache à demi sa fine tête dans sa barbe de soie et ses oreilles veloutées. Dans le

coin le plus obscur, et faisant gronder une basse formidable, un porc noir s'allonge repu et alourdi.

Suspendu à la façon des hamacs, un petit lit se colle à la muraille. Un matelas de varech et une couverture le remplissent. Là couche la petite Meg, une pauvre créature jadis recueillie par Jessy, nourrie par la chèvre, et qui maintenant s'occupe selon ses forces, afin de soulager sa bienfaitrice dans les travaux d'intérieur.

La mère de Meg était morte pendant les horreurs d'une nuit de pillage et de massacre.

Dangereusement blessée, elle pressait encore Meggy dans ses bras, quand un dernier coup de couteau cloua pour ainsi dire l'enfant sur le sein de sa mère.

Meg eut le bras transpercé.

Les soldats fuyaient portant ailleurs la dévastation, le sang et les larmes ; la mère de Meg rassembla ses forces expirantes, arracha l'arme de sa blessure, entoura son enfant de sa mante et se traîna sur le seuil de sa maison.

Elle appela, elle demanda du secours. Hélas! la terreur rendait égoïste ; les moins impitoyables s'écriaient : Pauvre mère ! et ils passaient, ne sachant eux-mêmes où se cacher, ni comment mettre à l'abri les êtres qui leur étaient chers.

Jessy O'Connor errait le long des chemins et dans le village en ruines. A la lueur de l'incendie projetée par une cabane, elle aperçut le corps d'une femme étendue devant sa porte comme celui de la compagne du lévite d'Éphraïm. Quelque chose de rouge, de lourd était jeté en travers sur sa poitrine. Jessy s'approcha. Elle reconnut Ménie, puis, écartant les plis de la mante, elle trouva Meg dont le sang teignait de pourpre les lambeaux qui l'enveloppaient.

Jessy s'agenouilla et pria, puis, traînant le corps de Ménie dans la chaumière, elle le souleva avec peine, l'étendit sur la table, ferma les yeux de la morte, couvrit son corps du vêtement national des filles du Connaught, et sortit, emportant Meg dans ses bras.

Elle courait le long de la route avec une rapidité folle.

Une heure auparavant la mort ne l'eût pas effrayée. Maintenant il lui semblait qu'elle devait vivre pour l'enfant de Ménie. La misérable petite créature gémissait dans ses bras ; Jessy allait toujours. Quand Jessy arriva à la cabane l'enfant cessa de se plaindre, elle venait de s'évanouir.

On était en hiver, Jessy se sentait glacée. Elle rappela Meg au sentiment de l'existence, ralluma le feu, lava avec de l'eau tiède la blessure de l'enfant, puis appela doucement la chèvre ; le doux animal comprit la part qu'elle devait prendre à cette adoption et devint la nourrice de l'orpheline.

Jessy sortait à peine de l'enfance. Les chagrins qu'elle avait éprouvés, la persécution dont l'Irlande était victime, la sombre légende au milieu de laquelle passait Henri VIII, ce bourreau des reines ; l'histoire de sa patrie, partagée comme une conquête par les Anglo-Normands, puis par les Danois ; cette lamentable succession de douleurs héréditaires avait mûri hâtivement le caractère de l'Heiress. A quinze ans elle accepta une charge maternelle.

L'âme de Jessy s'épanouit quand elle se donna.

Sa soif de tendresse s'étanchait.

Meg revint à la vie, grandit, et, aussitôt qu'elle en fut capable, elle aida Jessy dans les soins du ménage. Meg mena le bétail dans les champs, et ramassa l'herbe pour le nourrir. Elle comprit que Jessy O'Connor devait être dégagée des soins journaliers de la maison, et sentit que sa bienfaitrice était le centre d'espérance de tout un clan de malheureux. Meg apprit à la vénérer autant qu'à la chérir.

Jessy, heureuse de voir les dispositions de l'enfant, reprit les habitudes qu'elle s'était faites avant l'adoption de l'orpheline.

Dans chaque maison où pénétrait la fille de O'Connor, la consolation entrait avec elle. Les gens qu'elle visitait n'osaient se plaindre en la voyant souffrir. Son habitation était privée de luxe, elle portait des vêtements simples, et la proscription la menaçait à toute heure. En raison même de l'influence qu'elle exerçait, elle se trouvait le point de mire de la persécution et n'espérait pas y échapper. A cette époque, du reste, le sentiment de l'intérêt général l'emportait sur les égoïstes pensées. L'amour du pays, qui reste dans certaines périodes de l'histoire comme un instinct latent, atteint les grandeurs de la passion, à certaines heures solennelles.

On comprend alors que le mot *patrie* contient une part indéfinissable de notre être. On s'attache au sol natal, à la langue maternelle, avec une exaltation héroïque, et les traits de bravoure, de dévouement, les miracles de vertu civique semblent tout simples à ceux qui les accomplissent.

Jessy, après les désastres qui fauchèrent sa famille, cessa de songer à sa propre existence. Elle se consola d'avoir été épargnée en songeant au bien qu'elle pourrait faire. Adoptée, protégée par Finn-Bar, elle accepta l'amitié dévouée de tous les membres de cette famille sans se confondre avec elle. Il fallait à Jessy une liberté absolue pour remplir selon ses vœux la mission de consolatrice. Elle marchait, agissait, vivait en apparence de la vie commune, mais au fond de son âme une voix intérieure lui prédisait une destinée dont l'attente la séparait en quelque sorte de ses frères.

Nulle morgue, nul orgueil dans Jessy. Sa beauté, dont chacun subissait le charme, n'était pour elle l'objet d'aucune recherche. Elle était grave par nature, silencieuse, recueillie. Le passé et l'avenir l'oppressaient à la fois. Elle parlait peu. Quand elle le faisait, c'était avec une conviction ardente. Elle tenait de sa nation une élocution facile, son instruction, et les facultés qui lui étaient propres la changeaient souvent en éloquence. Il arriva plus d'une fois que Jessy fut consultée par des vieillards sur des questions ardues. Elle répondait simplement, donnait son avis d'une voix pleine et calme, sans fausse modestie et sans vanité. Au chevet des mourants elle semblait un ange. Les malades qu'elle visitait se trouvaient à moitié guéris. Elle aimait et attirait les petits enfants. Souvent, dans la belle saison, le soir, assise à l'ombre des pins à la saine odeur, elle en groupait un grand nombre à ses pieds, et mettait à la portée de leur intelligence les notions de la foi, l'histoire des martyrs, les chroniques de l'Irlande.

Elle formait une génération de femmes fortes et de héros. C'était une noble et simple vie que celle de Jessy O'Connor. Elle remplissait le vide laissé par le départ de Georgina, grâce à un redoublement de zèle. Son voyage à Londres fit une diversion puissante. Elle rentra dans le Connaught plus confiante que jamais dans l'avenir de l'Irlande, et quand elle se prenait à douter comme malgré elle de la réalisation des promesses du roi, elle baisait sa croix antique, regardait la bague d'Henriette-Marie, et s'écriait :

— Saint Patrick et la reine veillent sur nous.

Le lendemain du jour où les proscrits du Connaught s'étaient réunis dans les grottes de cristal pour recevoir les nouvelles apportées par

Finn-Bar, Jessy se trouvait assise devant la table de bois blanc occupant le milieu de la salle, Meg allait et venait doucement, posant devant la fille des rois un gâteau d'avoine et une tasse de lait chaud.

Meg avait sept ans, elle était chétive d'aspect, mais grande pour son âge. Ses membres grêles manquaient de force. Ses cheveux blonds, fins et soyeux, ruisselaient sur son dos. Elle était vêtue d'une robe rouge taillée par Jessy dans une de ses mantes, Ainsi vêtue, avec son pâle visage, et ses yeux bleus qui semblaient trop grands, Meggy était une ravissante et surtout une attachante créature. L'âme absorbait la force vitale dans ce petit être. Les transparences du visage, le rayon du regard, le sourire à peine esquissé des lèvres, l'immatérialisaient. Peut-être le voisinage constant de Jessy contribua-t-il à lui donner un aspect un peu étrange et au-dessus de son âge. On eût dit que le coup de couteau qui l'atteignit sur le sein maternel ne cessait point de la faire souffrir, et que son sang s'écoulait d'une façon invisible par cette blessure mal cicatrisée.

Oui, Meg était bizarre et charmante !

On s'effrayait en l'observant, elle paraissait si peu terrestre ! Sa voix était un souffle et ses mouvements paraissaient ceux d'une jeune ombre. Elle marchait pieds-nus dans la cabane, sans bruit ; et pourtant elle agissait, rangeait, servait, mais avec cette grâce lente particulière aux somnambules. On eût dit qu'elle vivait dans un rêve. Quand elle se trouvait seule, on entendait quelquefois s'élever du milieu d'un bouquet de bog-pine un chant de nature pénétrante et suave. Les paroles manquaient peut-être de lyrisme, la musique était peut-être banale, mais l'accent de Meggy acquérait une sonorité inouïe, et l'expression qu'elle mettait à rendre ses ballades en faisait des drames effrayants.

La petite fille s'étant aperçue que sa mère adoptive ne déjeunait pas lui dit avec câlinerie et douceur :

— Le lait de Bet froidit et vous ne paraissez pas songer qu'il est neuf heures.

— Déjà ! murmura Jessy.

— O ma sœur et ma mère, ma protectrice et ma sainte ! vous êtes revenue tard des roches de la baie, et vous semblez accablée de sommeil...

— Non pas de sommeil, pensa Jessy, mais de rêverie.

Puis, faisant un effort, elle se redressa, attira vers elle Meggy, l'embrassa au front, l'assit sur ses genoux et voulut que placée ainsi elle partageât son repas.

Les yeux de Meg ne se détachaient point de la main blanche de l'héritière de O'Connor.

— Jessy, dit l'enfant, ma chère Jessy, l'on dirait que vous portez au doigt une étoile enchâssée d'or.

— Baise cette bague, petite Meg, elle vient d'une reine.

— Vous l'a-t-elle donnée elle-même ?

— Elle même, mon bijou.

— Elle a bien fait, dit Meggy gravement, puisque vous êtes aussi fille de roi !

— Regarde, chérie, si cette cabane ressemble au palais de Saint-James, et si ma mante irlandaise est pareille à un manteau de princesse. Nous sommes de grande race, mais de race déchue !

— J'ai vu, reprit Meggy avec gravité, une image représentant le Sauveur Jésus; il avait un haillon rouge sur les épaules, une couronne d'épines sur la tête, un roseau dans la main, et j'ai reconnu en lui le Roi du ciel... Je l'ai vu ailleurs, entouré de bandelettes, placé dans une tombe que les anges gardaient... es anges levèrent dans la nuit la pierre de la tombe et le Christ en sortit rayonnant... Ce qui s'abaisse sera élevé.

Jessy pressa étroitement l'enfant dans ses bras, puis elle laissa Meg glisser à terre.

Un pas ferme se faisait entendre sur le chemin.

Meg courut à la fenêtre.

— Finn-Bar ! le bon Finn-Bar vient vous voir, Jessy.

Sans attendre l'ordre de sa maîtresse, Meg ouvrit la porte.

C'était en effet le vieillard qui, selon sa promesse, venait apprendre à Jessy l'amour de Patrick.

En apercevant le vieillard, l'Heiress se leva.

Meg approcha une chaise.

— Vous êtes pâle, Jessy, bien pâle, dit le vieillard.

— J'ai peu dormi, répondit-elle.

— Il faut ménager votre santé, Jessy ; il le faut pour ceux qui vous aiment... Je pensais bien que ce voyage à Londres excèderait vos forces, mais il s'agissait de nos frères, et le courage de refuser votre dévouement m'a manqué.

— Ah ! répondit la jeune fille, ce n'est pas le corps qui souffre. Je pense à cette belle et jeune reine, à ce roi chevaleresque ; je vois notre nation agonisante, et je me demande si ce secours ne viendra pas trop tard. Les splendeurs du palais de Saint-James m'ont fait voir dans toute son horreur la misère de l'Irlande... Le pain y manque, la fièvre y règne... Hélas ! si les courages allaient s'user avec nos misérables vêtements !... Vous me verrez chaque jour sur la route épiant le secours promis, l'âme remplie d'angoisse, le cœur déchiré... Finn-Bar, notre nation crucifiée n'attend que le coup de lance pour mourir...

— Est-ce vous qui parlez, Jessy O'Connor ?

— Oui, c'est bien moi... Me croyez-vous à l'épreuve des défaillances ? sondez-vous le fond de mon âme ? Si, dès qu'une voix me dit : « Lève-toi et marche ! » je cours où cette voix me dit d'aller, il n'en est pas moins vrai que j'éprouve des lassitudes extrêmes et que parfois mon pauvre cœur s'emplit de sanglots...

— Jessy, reprit le vieillard, je suis venu ce matin tenter près de vous une démarche grave. Les dispositions dans lesquelles je vous trouve, loin de me dissuader de parler, m'encouragent au contraire. Vous êtes supérieure à toutes les femmes du Connaught, Jessy, mais la solitude vous pèse en dépit de vous-même, et l'héroïsme qui dévore vos jours ne vous empêche pas de comprendre qu'il est dans la vie des joies que vous ignorez.

— Je ne vous comprends pas, répondit la jeune fille.

— Vous avez vingt ans et vous êtes belle, Jessy.

— J'ai vingt ans ! les malheurs éprouvés me l'affirment... Quant à être belle, je l'ignore... A Saint-James un des compagnons du roi osa me le dire d'une façon hardie, et je regardai ce mot comme un sanglant outrage... D'ailleurs, qu'importe la beauté du visage, il ne me faut qu'une âme vaillante pour accomplir ma tâche...

— Êtes-vous bien sûre, Jessy, que votre rôle soit si opposé à celui de toutes les femmes?

— Je le crois du moins...

— Et vous n'aimerez jamais ?

— Que pourrais-je aimer, en dehors de l'Irlande ?

— Un frère de votre communion, un homme digne de vous défendre et de partager vos périls. Nous avons à cette heure de légitimes espérances, mais un souffle peut les anéantir. Si Dieu tient dans ses mains le cœur des rois, il est aussi le maître de leur vie. Nous souffrons, mais enfin la guerre civile nous laisse un peu de répit. Que serait-ce si elle éclatait maintenant, Jessy ? chez qui chercheriez-vous un refuge ?

— Chez vous ! s'écria l'Irlandaise avec élan.

— Alors pourquoi attendre la tempête ou la victoire ?

— Que voulez-vous dire, Finn-Bar ?

— Patrick vous aime, Jessy, avec tout le respect d'un homme loyal, toute la tendresse d'un jeune cœur. Ses sentiments ont acquis l'énergie et la grandeur qui les rend dignes d'être offerts à une fille de votre race.

Dites-moi, Jessy, ne voulez-vous pas être ma fille ?

Jessy, en entendant ces mots : « Patrick vous aime ! » avait caché son visage dans ses deux mains.

Elle ne répondit point à la question de Finn-Bar.

Le vieillard poursuivit d'une voix émue :

— Nous sommes pauvres comme vous, Jessy O'Connor, mais nous vous chérissons depuis votre enfance... Allie, ma sainte compagne, vous aimait comme son enfant ! j'ai oublié que je n'avais pas de fille, tant vous m'avez toujours paru la mienne... Je ne pouvais questionner mes fils, et demander lequel d'entre eux vous donnerait à moi; mais quand hier Patrick m'a dit : « La réponse de Jessy sera pour moi un arrêt de vie ou de mort... » mon vieux cœur a battu plus vite, et il m'a semblé... il m'a semblé...

Un long sanglot se fit entendre, et Jessy, jetant ses deux bras autour du cou du vieillard, lui dit d'une voix entrecoupée :

— Faut-il une autre réponse que mes larmes... O Finn-Bar, mon père bien-aimé !.. Vos paroles ont arraché le bandeau qui me couvrait les yeux... Sans le savoir j'aimais donc Patrick, puisque l'idée d'être sa femme me bouleverse d'une façon si profonde... Je me suis prise à toutes les tendresses étrangères et j'ai tenté d'oublier que, comme les autres femmes, j'ai une âme avide d'amour... Patrick seul répondait à mon rêve. Je veux avec lui une union sainte, dévouée à Dieu comme à l'Irlande. Notre amour sera une bénédiction et une force de plus, voilà tout. Je connais assez votre vaillant fils pour savoir que le devoir passera avant ses intérêts, et qu'il pourra tout quitter, même sa femme, quand le besoin de sa cause l'exigera.

Finn-Bar baisa paternellement les bandeaux noirs de Jessy et ajouta :

— Quand célèbrera-t-on votre mariage ?

— Mon père, le temps de disette commence ; le *burjing times* va redoubler de rigueur... Ce n'est pas durant la famine qu'il faut songer à soi... D'ailleurs, j'ai besoin de me recueillir, de m'accoutumer à cette pensée que je suis aimée de Patrick et que je deviendrai sa femme... Attendons l'hiver... L'espoir fera passer le temps plus vite... De ce jour, je me regarde comme la fiancée de Patrick...

— La fiancée de Patrick ! murmura une voix faible.

C'était Meg qui, après avoir donné la provende à la vache et à la chèvre, rentrait dans la salle, et, entendant les derniers mots de Jessy O'Connor, les répétait comme un écho, sans qu'il lui fut possible d'y croire.

— Oui, Meg, ma chérie, mon bijou ! dit le vieux Finn-Bar en attirant vers lui l'enfant stupéfaite.

— La fiancée de Patrick ! répéta Meg en secouant la tête.

— Mais tu ne me quitteras pas, mon enfant, reprit Jessy ; la place de Meg sera chez la femme de Patrick.

— Vous deviez rester ma mère ? dit Meg avec l'expression du reproche.

— Mais je le serai encore, Meggy, mon cœur.

— Non ! non ! fit Meg avec une certaine amertume... Voyez Nattie O'Ryan, quand elle épousa Sam, elle renvoya de chez elle sa petite sœur... sa propre petite sœur, Jessy... Que ferez-vous donc, vous qui m'avez ramassée sur la grande route comme un agneau sans laine ?...

— Je te garderai, je te réchaufferai comme aujourd'hui...

— Oh ! cela, jamais, Jessy ! la femme de Nattie avait à peine assez de gâteau d'avoine pour ses enfants, et elle envoyait mendier la petite Su...

— Oh ! Meg ! comment ai-je mérité que tu me parles ainsi ?..

Meggy se mit à genoux.

— Pardonnez-moi, Heiress! pardonnez-moi ; vous êtes bonne comme une sainte, je dis... je ne sais pourquoi je dis cela... mais je souffre beaucoup, Jessy ; la tête me fait mal, et mon cœur se brise... Ah ! la fille des grandes races, la descendante de O'Connor devait rester la vierge d'Irlande...

Finn-Bar se taisait et regardait l'enfant avec stupeur ! Jessy l'avait enlevée de terre pour l'asseoir sur la table, elle l'écoutait en l'entourant d'un de ses bras.

— Savez-vous, Jessy, comment je voyais la vierge d'Irlande dans mes rêves ?.. c'était vous, toujours vous ? Elle avait une grande robe rouge comme la mienne, les pieds nus... Un de ses pieds saignait parce qu'il s'était déchiré aux pointes de fer d'une ancre pareille à celle que j'ai vu un jour tirer du fond de la mer. Elle avait dans les cheveux une couronne bénie du trèfle de saint Patrick, et toute pâle s'appuyait sur une grande harpe d'or, la harpe qui est sculptée sur les vieilles pierres du pays... Si vous saviez, Jessy, comme elle était touchante et comme on l'admirait... Le sang qui coulait de sa blessure l'épuisait, mais quand elle paraissait près de mourir, une flamme enthouisaste brillait dans ses regards, et l'on comprenait que la vierge d'Irlande est immortelle... Oh Jessy ! vous devez être toute à Dieu, toute au pays, toute à la petite Meg, vous avez promis à sa mère mourante de ne la quitter jamais !... Jessy ne quittez pas la petite Meg, elle mourrait de votre abandon...

La douleur de l'enfant était si poignante, si

irrésistible que Jessy O'Connor s'en montra profondément touchée, elle couvrit l'enfant de baisers, et sous l'influence des caresses de Jessy, la petite Meg essuya ces yeux, et s'endormit paisiblement.

VI

ATTAQUE NOCTURNE.

On était dans la semaine de Noël, la joyeuse semaine qui remplit l'âme de ferveur et les demeures de feuillages.

Un grand mouvement se faisait remarquer même dans les maisons les plus indigentes. Le jour de la fête, pour célébrer la *Christmas*, chaque table offrait à ses convives une grillade de porc, des pintes d'usquebaugh, du wisky et des gâteaux d'avoine. On oubliait la misère de l'année, la famine qui au printemps frappait à la porte des chaumières. Dieu donnait ce jour dans sa bonté, on devait l'en bénir et lui témoigner sa reconnaissance par l'expansion franche du bonheur.

La cabane de Finn-Bar ressemblait à un bosquet de bog-pine. Les robustes jeunes gens étaient allés couper dans les bogs des pousses de sapin qui, dressées le long des murs, les cachaient entièrement. Le sol lui-même, était jonché de fines aiguilles, craquant sous les pieds et répandant une saine odeur de résine. Une nappe couvrait la table de bois blanc. Des écuelles et des plats en hêtre sculpté marquaient la place des convives. Un siége plus haut indiquait celle de Finn-Bar ; tandis qu'un bouquet de fleurs rosées trempant dans une coupe antique semblait annoncer la présence d'une femme à ce festin annuel.

Les fils du vieil Irlandais attendaient dans la salle.

Patrick, ne pouvant résister à son impatience, ouvrait de temps en temps la porte pour regarder sur la route.

« Les voilà ! s'écria-t-il enfin, les voilà ! Meg est dans les bras du père, et Jessy marche à côté de lui... Pourquoi donc semble-t-elle soucieuse le jour de nos grandes fiançailles, la veille de nos noces ? » ajouta Patrick tout bas.

Mais comme si elle eût deviné ce que pensait le jeune homme, Jessy O'Connor leva la tête, reconnut Patrick et sourit.

Ce fut au tour de Patrick à devenir pâle.

Meg était parée et belle comme un ange. Elle s'était arrangé une couronne de feuilles de houx, un collier et des bracelets de graines rouges, et ces teintes de corail faisaient mieux ressortir la blancheur de son visage.

La petite fille appuyait sa gracieuse tête sur l'épaule du vieillard, et, les yeux fermés, paraissait sourire à un songe.

Quand Finn-Bar arriva dans la maison, il mit l'enfant à terre, prit la main de Jessy et entra avec elle.

Un moment après la famille entourait la table.

Sauf les costumes de paysans remplaçant les brillantes armures, on eût pu croire, en voyant ces douze fiers jeunes gens, douze pairs d'Angleterre entourant Arthur aux cheveux blanchis.

Jessy se trouvait à table en face du patriarche irlandais, près de Patrick qui s'était assis à sa gauche, et de Meg qui ne l'avait point voulu quitter.

En voyant les roses de Noël cueillies par Patrick, la petite fille supplia Jessy de mêler dans ses cheveux noirs les fleurs à calice pâle.

« C'est comme cela que la Vierge d'Irlande

est parée et couronnée dans mes rêves, » dit Meg.

Jessy ne put réprimer un frisson.

Finn-Bar jeta sur Meggy un regard sévère, et la petite fille intimidée cacha son front dans la poitrine de Jessy.

Le *Benedicite*, que récita le vieillard à voix haute, mit fin à l'oppression indéfinissable suscitée par le mot de Meggy. Le père éleva ensuite une coupe, l'effleura et dit :

« A votre bonheur, enfants ! »

Alors la gaieté reprit son cours. Natty, Owen, Ben, Edward, Sam, Gibby témoignèrent à Jessy le bonheur qu'ils ressentaient en la voyant devenir leur sœur. Les exclamations, les santés se croisaient ; on oubliait la rigueur des temps, les incertitudes de l'avenir, même le sort flottant de l'Irlande. A cette heure, la famille avec ses réunions, ses lois saintes, ses unions bénies du chef de la race, retrouvait sa puissance et son prestige. Les fils de Finn-Bar avaient beau être pauvres, on sentait que leur cœur n'en était pas moins satisfait. Patrick ne faisait pas une mésalliance, et Jessy O'Connor restait pour ces enfants de gentilshommes sans terres et sans prérogatives la descendante des rois. Jessy subissait l'entraînement de tous.

Son bonheur s'augmentait de la joie de ceux qu'elle allait nommer ses frères. Elle cessait d'être orpheline, et si le souvenir des rêves anciens lui revenait, elle le chassait comme une pensée entachée d'orgueil.

Jessy avait entendu raconter par Finn-Bar l'histoire d'une humble fille des marches de Lorraine, qui sauva son pays de l'oppression des Anglais.

L'Irlande catholique se trouvait foulée aux pieds comme l'était alors la France. Jessy envia plus d'une fois la destinée de cette jeune fille qui sortit de son hameau pour s'élancer sur un cheval de bataille, et quitta la basilique de Reims pour monter sur un bûcher.

Jeune et belle comme la vierge de Domrémy, Jessy O'Connor rêvait cette vie rapide immortalisée par le dévouement patriotique, sanctifiée par le martyre.

Elle s'était crue longtemps appelée à de grandes choses ; et quand Meggy la nommait la « vierge d'Irlande, » elle tremblait comme une coupable dont le remords traverse l'âme.

Mais ce soir-là, elle oubliait ses projets anciens, pour vivre de la vie commune, comme une simple femme aimante et dévouée, et son regard se reposait avec bonheur sur le jeune homme loyal à qui elle devait être unie.

« Ma fille, dit Finn-Bar à Jessy O'Connor, de toutes les richesses de ma famille, je n'ai sauvé que la coupe d'argent ciselé placée devant vous : remplissez-la, et passez-la à Patrick. Je me fais vieux; en devenant chef d'un foyer, il prendra ici les droits du maître. J'abdique en ses mains, et n'ayant plus de fief à donner, je lui remets cette coupe que mon aïeul appelait la *coupe des ancêtres*. »

Jessy la remplit et la passa à Patrick.

« A mon père ! dit le jeune homme en se levant ! A celui dont l'exemple nous a faits des hommes ! »

Et Patrick la vida d'un trait.

Pendant que Jessy la remplissait de nouveau, la petite Meg allumait les chandelles de jonc, et jetait dans le foyer une brassée de branches de bog-pine.

« Donnez-moi la coupe, Patrick ! dit Finn-Bar. Les Irlandais ne doivent boire qu'à l'Irlande.

— *Erin go braegh* ! hourra ! pour la harpe d'Irlande ! *Erin for ever !* »

Comme si tout le village se fût groupé non loin de la maison où se célébraient les fiancailles de Patrick et de Jessy O'Connor, une exclamation prolongée se fit entendre.

Les convives prêtèrent l'oreille, et Finn-Bar ne vida pas la coupe qu'il tenait à la main.

Un second cri, ou plutôt une longue clameur s'éleva de nouveau, mais cette fois l'épouvante y vibrait, et les voix semblaient étranglées par la terreur.

Patrick courut ouvrir la porte.

La nuit était tout à fait venue.

Un épais brouillard enveloppait la terre et rendait l'air irrespirable.

On distinguait deux chœurs formidables, l'un demandant pitié, implorant du secours, l'autre furieux, menaçant, féroce.

Le bruit d'une course rapide et celui d'une poursuite forcénée se succédèrent.

A travers le brouillard des torches brillaient comme de rouges étoiles.

« Irlande ! Irlande !

— Guerre aux papistes ! à bas l'antechrist ! les Molochs ! les Baals !

— Aux armes pour l'Irlande !

— Massacre et mort pour les fils de Bélial ! »

Les cris, les appels, les injures, mêlés à la furie d'une poursuite acharnée, d'une lutte dans la nuit, redoublaient à mesure que la foule traquée approchait de la maison de Finn-Bar.

Au premier cri : Irlande ! les douze jeunes gens avaient étendu la main vers leurs épées.

Finn-Bar lui-même s'était armé.

Une grande lueur qui s'éleva du milieu des bogs permit de voir les deux bandes en présence. La lueur provenait d'un incendie. On distinguait le mot : *covenant*, dans les hurlements des soldats, et les Irlandais répondaient par le nom de Charles, comme s'il eut été un bouclier.

En voyant l'uniforme des soldats anglais, en entendant le bruit des mousquets, les jeunes gens se rapprochèrent, leurs mains s'unirent. Un même sentiment leur déchirait le cœur : Charles I*er*, manquait à sa parole royale.

« Je ferai mon devoir ; adieu, Jessy ! » cria Patrick.

Les douze jeunes gens franchirent le seuil et s'élancèrent dans le chemin.

Finn-Bar tourmentait la garde de son épée, se demandant s'il devait combattre ou rester auprès de Jessy.

« Allez ! mon père, dit Jessy ; je suffirai bien, avec l'aide de Dieu, pour garder la petite Meg.

— Fuyez, dit le vieillard, fuyez vers la baie. »

Jessy prit l'enfant dans ses bras et disparut en courant.

Finn-Bar venait de rejoindre ses enfants.

Ils étaient rangés sur une seule ligne, l'épée au poing, courant avec une agilité de montagnards, sans que l'un d'eux restât en arrière.

Les maisons flambaient comme des pains de résine. On s'égorgeait sans merci.

Ce qui rendait ce massacre plus horrible encore, c'est que les noms du Seigneur, des patriarches et des prophètes se mêlaient à de grossières injures.

On ne tuait pas seulement, on torturait, on déshonorait les cadavres, on mutilait les blessés. Le bataille dégénérait en boucherie.

Les Irlandais surpris au milieu du repas de famille de la Noël s'étaient vus soudainement investis par les soldats anglais.

Les cris des malheureux donnèrent l'alarme.

Les hommes sortirent des maisons armés à la hâte. La plupart n'avaient que le shillelah national.

Le courage du désespoir, la rage d'une trahison exaltaient les Irlandais.

On leur avait promis une longue trêve, les *cinquante et une grâces* devaient leur rendre les plus chers de leurs priviléges, et le roi, le roi qui avait promis, juré, signé, mentait à sa parole royale et envoyait en Irlande des bourreaux au lieu de pacificateurs !

Les soldats anglais, malgré l'avantage que eur donnaient les armes à feu, ne tardèrent pas à comprendre que la victoire serait plus difficile qu'ils ne l'avaient cru d'abord.

Les cloches de Galway sonnaient l'alarme, le renfort arrivait de tous côtés, et les enfants de Finn-Bar se jetèrent dans la mêlée, la trouant comme un obus et cherchant les chefs de cette lâche expédition.

Leurs casques brillants et leurs écharpes les faisaient aisément reconnaître. Formant un carré pressé, et présentant de chaque côté la pointe fulgurante de leurs épées, les douze frères frappaient avec une force de géants et une adresse de spadassins.

Ils ne parlaient pas; ils ne criaient point. Perçant les poitrines, trouant les gorges sous le haubert, abattant les poignets, sabrant, beaux d'indignation et de colère, ils semblaient un groupe d'archanges armés d'un glaive flamboyant.

Tout à coup, Patrick cherche son père du regard... Il ne le voit plus...

A droite, à gauche, son œil fouille les groupes.

Il l'aperçoit enfin luttant seul contre cinq Anglais.

Le vieillard venait d'en étendre un à ses pieds ; le second laissait pendre un bras transpercé d'un coup d'épée ; mais un lâche, passant derrière Finn-Bar, ne pouvant le vaincre par les armes, tentait de l'étrangler.

Finn-Bar étouffait un râle d'agonie.

Ce fut alors que Patrick s'élança à son secours.

Un coup d'épée transperça les flancs du soldat anglais.

Finn-Bar voyant Patrick retrouva sa première force ; de deux revers de lame, ils abattirent deux soldats qui juraient par le *covenant* d'égorger jusqu'au dernier papiste.

Sans doute on leur avait parlé des Irlandais comme d'un ramassis de gueux, manquant de pain et de munitions, et que la première décharge de mousqueterie ferait tomber à genoux en demandant grâce. Ils trouvaient au contraire pour adversaires des hommes décidés, dont la conscience doublait la force, qui luttaient pour la foi et pour l'inviolabilité du sol. Quand ils criaient : A bas le papisme ! on leur répondait : Vive le roi ! et cette parole contenait à la fois un encouragement et un reproche.

Les presbytériens se battaient pour arracher à l'Irlande les priviléges qu'elle tenait de la majesté royale.

Le parlement une fois de plus s'insurgeait contre le pouvoir souverain, et tentait de faire de Charles Stuart un monarque fainéant.

En repoussant les soldats anglais, l'Irlande défendait la cause du roi.

Elle ne l'accusait pas. Trop grande, trop loyale et trop fière pour croire à la trahison, elle commençait seulement à se demander si, en comptant sur Charles Ier, elle ne s'appuyait point sur un roseau.

L'heure était venue d'attendre le salut de Dieu seul. Au nom de la catholicité, de la patrie, des pacificateurs et des patrons de l'Irlande, ces hommes se battaient avec un héroïque courage, tombant, se relevant, et compensant l'infériorité du nombre et le manque de mousquets en luttant corps à corps.

La bataille générale se composait de combats partiels : les duels se multipliaient. Moins nombreux, mal armés, les Irlandais opposaient une furie sans exemple, une confiance illimitée, à la troupe qui s'était imaginé en avoir si vite raison.

Les fils de Finn-Bar accomplissaient des prodiges. Un groupe de lutteurs faiblissait-il, on voyait planer au-dessus des têtes l'ouragan de leurs épées ; le *Erin go braegh* ! sortait de leurs poitrines, et ils n'abandonnaient leurs amis que délivrés et vainqueurs. Sam fut atteint d'une balle à l'épaule ; mais il continua de se battre ; et Natty, blessé à la main droite, prit son épée dans la gauche, sans donner un instant de trêve à ses ennemis.

On distinguait non-seulement l'ensemble de cette lutte, mais encore bon nombre d'épisodes, aux lueurs de l'incendie grandissant.

Le marais n'était pas seulement coupé de flaques de boue, mais humide et rouge de sang. On apercevait au loin des femmes échevelées traversant les bogs, des enfants dans leurs bras, leurs mantes écarlates flottant comme de nouvelles flammes. On tirait sur elles ; parfois on en voyait une tomber sur les genoux, faire un suprême effort, se relever et courir encore, puis, brisée et mourante, choir sur le sol, criant avec l'agonie une suprême prière.

Les Anglais décimés, débandés, poursuivis l'épée dans les reins, le shillelah sur les crânes, fuyaient enfin, rejoignant les troupes cantonnées à quelques lieues de distance.

Les Irlandais vainqueurs les chassaient devant eux.

De temps en temps un fuyard se retournait, déchargeait son mousquet ; un Irlandais tombait, ses amis serraient les rangs, avides de venger leur camarade, et, faisant tournoyer les shillelahs comme des massues, ils brisaient les têtes des covenantaires comme un vase de grès se fêle d'un seul choc.

Le brouillard se leva.

L'aurore parut.

A ses clartés, les Irlandais contemplèrent le camp de leurs ennemis ; et, aussi prudents que braves, ne poussèrent pas plus loin leur poursuite.

Ils regagnèrent en bon ordre les marais voisins de la ville de Galway.

Sur leur route, des blessés demandaient assistance. On les prenait à deux et on les emportait. A mesure que les soldats approchaient du théâtre de la lutte, le spectacle devenait plus navrant, les Irlandais perdaient bon nombre de braves compagnons ; d'ailleurs en face d'ennemis morts, ils venaient de voir des Anglais, des covenantaires, des hérétiques. Les trépassés attendaient la même sépulture, les blessés les mêmes secours.

Au centre du marais les fils de Finn-Bar aperçurent une mante rouge, puis une forme svelte et légère.

Patrick reconnut Jessy O'Connor, et s'avançant vers son père :

« Me permettez-vous de l'aider dans sa noble tâche ?

— N'avez-vous point besoin de repos, mon fils ?

— Je ne le saurai qu'à l'heure où les blessés seront pansés et les morts ensevelis.

— Allez donc, » répondit Finn-Bar.

C'était en effet Jessy qui venait d'arriver sur le champ de carnage.

Au moment où Finn-Bar l'engagea à fuir à travers le bog pour sauver Meggy et échapper aux soldats du parlement, elle dirigea sa course vers le rivage. Il n'était guère probable que les soldats songeassent à gagner les rochers ; ils avaient bien assez à faire en soutenant l'effort désespéré des Irlandais.

Serrant Meg dans ses bras, Jessy gagna la falaise, et descendit quelques-uns des degrés que formaient de massives assises de roc. Après avoir couché l'enfant dans une excavation tapissée de plantes molles, Jessy O'Connor, en se dressant sur la pointe des pieds, put, non pas suivre les détails de la lutte, mais embrasser l'ensemble de la bataille. Les masses rouges combattant sur le fond lumineux de l'incendie, étaient les sauvages covenantaires ; les groupes sombres luttant de côté de la nuit, se composaient d'Irlandais.

Si la lumière de l'incendie grandissait vers les bogs, c'est que les soldats gagnaient du terrain ; si au contraire les uniformes disparaissaient, si des ombres noires se découpaient sur les clartés rouges, c'est que l'Irlande poursuivait l'Angleterre et refoulait l'ennemi vers les hauteurs.

Longtemps, l'œil irrésistiblement fixé sur ce tableau poignant, Jessy O'Connor demeura debout, s'accrochant à de frêles racines, et sentant son cœur battre d'angoisse, sitôt que les flammes allumaient comme des torches les pins voisins des maisons incendiées.

Enfin les lueurs du matin pâlirent les clartés sanglantes. Jessy devina le triomphe des siens, et, enlevant Meggy de sa cachette, elle reprit sa course vers le champ de bataille.

Qu'elle ressemblait peu à la fiancée de la veille, Jessy O'Connor courant à travers le bog !

Le chemin devenait de plus en plus difficile. Il fallait éviter les fondrières, sauter sur les mottes de gazon, s'attacher aux racines de pins et gagner, à travers mille périls, la plaine ensanglantée.

Couchés sur le dos, la face aplatie contre le sol, groupés, isolés, meurtris, saignants, par monceaux, par bandes, le visage contracté, les mains crispées, gisaient les covenantaires qui la veille, au mépris de la fête du Christ, envahissaient le comté de Galway. A la vue de ces morts. Le premier mouvement de Jessy fut de reculer. Mais quelques blessés demeuraient parmi eux, et à ceux-là elle devait son assistance. Elle se demanda si elle chercherait d'abord les Irlandais pour les secourir. La grande loi de la charité domina ses préférences, et, sans s'inquiéter de la nation et de la qualité des blessés, elle s'inclina vers eux avec une même pitié, banda leurs plaies, releva leur courage, et présenta à ceux qui allaient mourir la croix qu'elle portait au cou.

Meg la suivait, cueillant des herbes salutaires, déchirant les écharpes pour faire des ligatures.

Elle tremblait comme une feuille de bouleau, la petite Meg.

Les blessures horribles de ces morts, de ces mourants, lui causaient un invincible effroi.

Son cœur se serrait, les sanglots gonflaient

sa poitrine, sa bouche restait pâle et muette, ses yeux s'attachaient à Jessy O'Connor, comme si la vue de l'héroïque jeune fille pouvait seule l'empêcher de s'évanouir.

Un officier anglais, dont le crâne avait été fracassé d'un coup de shillelah, poussait des plaintes étouffées, tandis que Jessy couvrait son front d'un bandeau.

« A boire ! dit-il enfin, à boire !

— Meggy, ma bonne Meg, dit Jessy à l'enfant, ne pourrais-tu pas trouver de l'eau pour ce malheureux ?...

— Comme ma mère a dû avoir soif ! murmura Meggy d'une voix sourde.

— Cet homme se meurt, Meg ! à quoi vas-tu songer, ma fille, quand la vie d'un homme est en danger ?

— Un Anglais... un hérétique... dit Meggy, cet homme a tué des Irlandais, le Ciel l'a puni ! »

Jessy jeta sur l'enfant un regard sévère.

« Qui m'a donné un coup de couteau, qui m'a clouée sur la poitrine de ma mère assassinée ? reprit la petite Meg : c'est un Anglais, Jessy... et je suis Irlandaise, moi !

— Je suis chrétienne, s'écria Jessy, et je t'ordonne, Meg, au nom de la reconnaissance, de puiser de l'eau pour cet homme. »

Meg resta un moment immobile ; puis brusquement elle ramassa sur le sol un casque bossué et courut, au bord du ruisseau voisin, remplir le vase improvisé.

Elle le tendit à Jessy, avec le silence de la rancune.

L'Anglais but avidement.

« Ah ! dit-il, vous me sauvez la vie !

— Moi, je vous aurais laissé mourir ! » dit l'impitoyable enfant.

Jessy s'agenouilla près d'un autre blessé.

« Et comment s'appelle-t-elle, cette jeune fille à qui tu obéis ? demanda l'officier anglais.

— La vierge d'Irlande ! » répondit Meg en rejoignant la fiancée de Patrick.

En ce moment le fils de Finn-Bar rejoignait Jessy.

Tous deux continuèrent la même tâche sainte.

« Vous n'êtes pas blessé ? demanda Jessy.

— Non, grâces à Dieu.

— Et vos frères ?

— Sam a reçu une balle, mais elle est ressortie par l'autre côté de l'épaule, et la blessure est sans danger. Natty souffre d'un coup d'épée. Mon père suffit à ce soin. »

Lentement sur le champ de bataille parurent les femmes de Galway et des villages environnants : elles cherchaient leurs morts.

Sur un cap avancé quelques hommes creusaient une vaste tombe. On y porta les cadavres des Irlandais. Une seconde fosse fut préparée pour les covenantaires.

L'évêque vint à son tour prier sur le champ de bataille; le soir la pluie du ciel lava le sang versé, et la victoire, si elle satisfaisait l'orgueil de l'Irlande, ne lui permettait pas de se faire illusion sur l'avenir.

Pendant plusieurs mois elle s'était reposée sur la parole de Charles, sur le traité conclu, sur l'acte des *cinquante et une grâces*, et violemment cette charte de paix se trouvait déchirée, et les presbytériens fondaient sur le Connaught comme un milan sur sa proie, l'épée à la main. On arrachait les priviléges consentis. Les prélats étaient menacés de mort, et l'indépendance du Connaught, la seule province qui fût restée une sorte d'asile et le refuge de l'Irlande, se trouvait détruite par le parlement, qui encore une fois disputait au monarque ses prérogatives et son droit de grâce.

La nouvelle de l'attaque du comté de Galway se répandit dans tout le Connaught et souleva 'indignation générale.

La peur fit taire une partie des habitants de

Mogo et paralysa un peu le premier élan de ceux de Roscommans.

Mais le Galway se retrempa dans ce sanglant baptême, sa victoire l'éleva au-dessus de la crainte.

Les covenantaires avaient beau crier qu'ils se battaient au nom du Dieu d'Israël pour extirper l'hérésie, renverser Gog et Magog, et passer les Madianites au fil de l'épée ; la vraie cause de l'Église restait du côté de la barque de Pierre, et la couronne du martyre revenait aux fils soumis du successeur des apôtres.

Le lendemain de l'agression qui souleva tout le comté, les hommes valides se rassemblèrent : l'évêque Colomban et Finn-Bar occupaient au milieu d'eux les premières places.

Les fils du noble Irlandais, même Natty et Sam, en dépit de leurs blessures, se rangèrent autour de leur père comme une garde d'honneur. Ils portaient encore au flanc les épées de Charles Ier, auxquelles ils venaient de donner un baptême de sang anglais.

L'irritation était grande dans les groupes, les voix s'élevaient pour accuser et maudire ; aussi l'émotion serra toutes les âmes, quand l'évêque Colomban dit avec une souveraine autorité :

« A genoux ! mes frères, et prions pour le roi Charles ! »

Mais nul ne changea d'attitude, hors Finn-Bar et ses fils.

« Guerre à l'Angleterre ! à bas le covenant ! mort aux anglicans et aux presbytériens !

— Le roi nous a trahis, meure le roi lui-même !

— Silence ! fit l'évêque. Qui ose accuser, quand, au nom du Seigneur, j'ordonne le calme et l'obéissance ? »

Et l'évêque Colomban récita le psaume dans lequel David, poursuivi par ses ennemis, menacé, banni, désespéré, se jette dans les bras du Seigneur et le conjure de le mettre à l'abri des flèches brûlantes de ses adversaires.

Finn-Bar et ses enfants répétaient après le prélat les saintes paroles; la foule se taisait.

Quand la prière fut achevée, la délibération commença. Elle fut courte : défendre le comté de Galway jusqu'à la mort, tel était le vœu de tous, vœu que rendit plus solennel un serment prêté dans les mains de l'évêque. Si le Connaught se laissait en partie effrayer par les menaces des covenantaires, l'héroïsme se réfugiait dans le Galway, dernier rempart élevé contre le despotisme, l'invasion et la mauvaise foi.

8

VII

SCEPTRE DE ROSEA.

Le roi Charles Ier venait de nommer un vice-roi à l'Irlande ; en choisissant Wentworth, il crut se donner un auxiliaire. Depuis le jour où les *cinquante et une grâces* furent signées et remises à Finn-Bar, les soucis du roi prirent un caractère plus grave, sa lutte avec le parlement se marquait par des défaites, ses amis tombaient successivement frappés soit par le poignard comme Buckingham voué dès longtemps à la mort par l'animadversion publique, soit par des ordonnances de mise en accusation.

On ne respectait dans Charles Ier ni le souverain élu et sacré, ni le fils de Jacques.

La calomnie souillait jusqu'au trône.

John Elliot avait comparé Georges Williers à Séjan ; il osa davantage, et soutenu par Digges, son digne collègue à la chambre des communes, il insinua que le feu roi avait été empoisonné par son fils.

Attaqué comme souverain et comme fils, Charles Ier ne put croire qu'il existât des priviléges assurant l'impunité à ses calomniateurs.

La tour de Londres ferma ses portes sur Elliot et Digges ; Charles intima à la chambre des lords l'ordre de venger sa majesté outragée ; la chambre répondit par une demande de mise en liberté de ceux dont l'emprisonnement, disait-elle, violait les prérogatives de la constitution anglaise, laquelle déclare que les membres du parlement seront jugés par leurs pairs.

Au lieu donc de donner satisfaction à Charles Ier, la chambre le blessa au vif, refusant de s'occuper de toute affaire avant l'élargissement de Digges et d'Elliot.

Il fallut céder.

A peine l'autorité royale venait-elle de subir cet échec que Charles fit arrêter les comtes de Bristol et d'Arundel ; en se montrant sans pitié pour les ennemis de Buckingham, il espérait les obliger au silence ; cette fois encore, la chambre haute réclama ses priviléges, et au bout de trois mois les deux captifs furent relaxés.

On accusa publiquement Buckingham.

Pour le sauver, Charles fut obligé de dissoudre le parlement, et deux années s'écoulèrent avant qu'il fut convoqué. Le prestige de la royauté s'affaiblissait dans la lutte. Les esprits fermentaient ; le rappel des chambres devenait nécessaire. Le roi écrivit plusieurs proclamations, et dans le discours d'ouverture du parlement il prononça des paroles pleines de menace pour l'Angleterre.

« Si, à Dieu ne plaise ! dit-il en finissant, et en regardant les lords d'un air de défi, vous n'accomplissiez pas vos devoirs en ce que la situation du royaume demande, je serais contraint par ma conscience à employer ce que Dieu a mis en mes mains pour sauver l'Angleterre des maux auxquels l'expose la folie des hommes ! »

L'attitude du roi irrita les chambres. Elles répondirent à ce discours par l'envoi de la *pétition de droit*, qui renfermait des allusions aux sévérités de Charles à l'égard de Digges, Elliot, d'Arundel et Bristol.

Le roi demandait des subsides indispensables, on lui signifia qu'ils seraient votés après la signature de la pétition.

Charles s'aigrissait et se décourageait.

On affecta de croire qu'un abîme s'ouvrait sous ses pas ; on parla de dangers illusoires, de moyens violents, on vota la mort de Buckingham.

Charles fit céder son orgueil ; et ce fut non pas le parlement, mais un assassin frénétique, Felton, qui frappa le duc au moment où celui-ci quittait son palais.

Il semblerait que le parlement et le peuple dussent se tenir pour satisfaits. Le calme ne se fit point cependant.

Loin de protéger l'autorité royale, les concessions multipliées la perdaient. On essayait de l'avilir avant de la jeter à bas.

Irrité de tant d'injustice et de mauvaise volonté, Charles retira son adhésion à la pétition Right, la fit imprimer et répandre dans le royaume, en y ajoutant l'évasive promesse qu'il avait faite d'abord : « Mes sujets n'auront jamais à se plaindre d'une oppression contraire à leurs droits et à leurs libertés. » Charles crut se rendre populaire en soumettant pour ainsi dire sa conduite au peuple ; il se trompa, le déchaînement de la colère des chambres fut sans frein, on ne se borna pas à discuter, on en vint aux voies de fait. En apprenant ces faits d'une brutalité sans exemple, Charles écrivit un message enjoignant à la chambre des lords de s'ajourner indéfiniment. L'huissier de la verge noire ne fut pas reçu ; le capitaine des gardes du roi reçut ordre d'enfoncer les portes de la chambre des communes qui, effrayée de ses propres scandales, s'ajourna selon les ordres du roi.

Charles tenta de gouverner seul, et l'annonça dans une proclamation solennelle.

Mais en écartant un des principes de division, le roi restait encore en face des difficultés inextricables présentées par les divergences des questions religieuses.

Comme l'hydre de la fable, la réforme avait de multiples et monstrueuses têtes, chacune douée de parole et distillant le venin de sa gueule enflammée.

L'Église anglicane révoltée contre Rome, dont elle prétendait absorber le pouvoir à son profit, gardait cependant, quant à la hiérarchie ecclésiastique, aux rites, à la pompe des cérémonies, à l'usage des ornements pontificaux, les traditions catholiques, et sur ce point Henri VIII n'avait rien voulu changer ; ces habitudes parurent à une secte nouvelle des restes d'hérésie, et les radicaux de la réforme les abolirent.

Charles était anglican, secrètement porté vers le catholicisme et ennemi déclaré des puritains. Pour tenter de dompter l'entêtement de cette secte de prétendus *saints* ou *zélés* Charles leur opposa Laud, qu'il venait d'investir de l'archevêché de Cantorbéry.

Ce personnage, qui exerça en Angleterre une grande influence sévit vigoureusement contre le puritanisme. Un grand nombre de ceux qui adhéraient à ses principes furent punis de fortes amendes, emprisonnés ou déportés. Beaucoup s'exilèrent volontairement, et leur colonie émigra dans cette partie de l'Amérique qui est devenue la république des États-Unis.

Le ministre Leighton, pamphlétaire exalté, d'abord excommunié par Laud, fut ensuite condamné par la chambre étoilée au fouet, à l'exposition sur un pilori, à la marque, et enfin jeté dans une prison.

L'hérésie déchirait ses propres entrailles, et la révolte de Henri VIII portait ses fruits.

Au moment où le monarque privait le clergé catholique de la jouissance de la dîme, il transférait ce privilége à la noblesse écossaise.

Charles jugea qu'il y avait abus, et transporta à la couronne des bénéfices s'élevant à une somme considérable, et fit servir ces revenus à l'organisation d'une Église anglicane.

Les Écossais furent doublement atteints par cette mesure, d'abord parce que la plupart étaient de forcenés puritains, ensuite parce qu'elle les privait de sommes énormes ; ce fut au moment où éclatait ce mécontentement que Charles songea à se faire couronner dans la grande église d'Édimbourg : on eût dit que ses meilleures intentions, ses projets les mieux combinés pour la pacification amèneraient des résultats néfastes.

Charles aimait l'Écosse, et le peuple écossais lui restait attaché, mais le parlement d'Angleterre, faisant preuve d'un système d'opposition absolue, refusa des subsides et entama les questions religieuses.

Le voyage du roi eut donc des suites regrettables, et la discorde régna complétement en Écosse, à partir du 23 juillet 1637, jour où l'évêque célébra dans l'église Saint-Gilles le sacrifice selon les rites habituels. Un combat déplorable eut lieu ; les ornements de l'évêque d'Édimbourg furent mis en pièces par les femmes, et le presbytérianisme y engendra la guerre civile. L'*alliance nationale* fut signée (*national covenant*), et l'on jeûna solennellement pour *précéder le renouvellement de l'alliance entre Dieu et Israël*. Les presbytériens jurèrent de défendre le *covenant jusqu'à la mort*; et dans une autre assemblée tenue à Glascow, on convertit en lois, ce qui d'abord était une simple mesure.

L'Écosse se préparait à la guerre ; sa noblesse se cotisa pour en soutenir les frais.

Laud épouvanté conseillait au roi de traiter avec les rebelles ; Charles refusa. Il avait des heures d'énergie et d'orgueil véritablement royal. Il respectait la dignité de la couronne. Le sceptre qu'il tenait était un roseau, mais il le serrait avec une force désespérée. Il pouvait être imprudent, il restait chevaleresque. Devant le soulèvement de l'Écosse, il ne se troubla point et leva une armée.

Les affaires de l'Irlande ne cessaient pas de le préoccuper.

Il avait reçu de toutes parts, lors du retour de Finn-Bar à Galway, des protestations de dévouement. Les *cinquante et une grâces* signées dans une heure de bonne foi et d'enthousiasme lui gagnaient toutes les sympathies.

L'Irlande respira, et Charles put croire qu'il

y trouverait des secours le jour où il aurait besoin, de soldats et de l'argent.

Pour gouverner l'Irlande à cette époque de troubles, il fallait mettre un homme habile à la tête des affaires. Wentworth fut choisi par Charles I".

Le vice-roi partit muni de grands pouvoirs. Dans la pensée de Charles, ces pouvoirs devaient servir à la réglementation nouvelle, à l'observance des traités, à l'application des grâces accordées ; mais en acceptant le mandat que lui confiait le roi, Wentworth, qui devait plus tard expier cruellement ses fautes, se réservait d'agir selon ce qu'il jugerait être matériellement avantageux au roi, sans se préoccuper des concessions accordées.

Charles allait être trahi par un des hommes en qui il avait le plus de confiance.

L'idée du vice-roi était de faire rentrer le Connaught dans les domaines de la couronne, afin de le coloniser comme on avait fait de l'Ulster, du Leinster et du Munster.

Le roi pourrait réprimander Wentworth pour avoir agi sans son ordre et avoir compromis sa parole royale, mais il recueillerait les fruits d'une politique hardie, et traiterait enfin le Connaught en pays conquis.

Cependant pendant les premiers mois de son gouvernement, Wentworth dissimula ses projets. Peu à peu il leva le masque et annonça que des *cinquante et une grâces*, les moins importantes seules deviendraient des lois. Menacés de perdre les priviléges qu'ils tenaient de la bonté de Charles, les Irlandais murmurèrent. Wentworth résolut alors d'employer la force.

Il choisit des gens de justice, arma des soldats, et bientôt les uns et les autres jetèrent la désolation dans l'Irlande. Tandis qu'il chargeait les hommes de justice de forcer la loi, de déposséder les propriétaires, Wentworth levait une armée.

Elle traversa le Connaught comme un fléau du Seigneur, et un de ses détachements s'avança du côté de la ville de Galway, profitant de la sécurité du peuple pour semer dans ce pauvre et paisible pays le carnage et l'incendie. Wentworth que nous appellerons désormais du nom de lord Strafford, titre qu'il tenait du roi, se tenait sur la limite du comté avec des forces imposantes. Il apprit bientôt la défaite de la petite troupe envoyée contre Galway, et sa colère ne connut plus de bornes. Mais les gens de Galway ne se laissèrent intimider ni par les menaces ni par l'appareil de la bataille. Des Irlandais dévoués parcoururent le comté en tous sens. Les hommes valides se rallièrent, et les quinze lieues qui séparaient les gens de Galway de l'armée de Strafford furent franchies dans deux jours.

Les blessés de la nuit de Noël, laissés à la garde des femmes, se désolaient de leur impuissance, se préoccupaient de voir sans eux leurs frères marcher au combat.

Parmi ceux que leurs souffrances retinrent dans les chaumières, on citait Sam et Natty, les deux fils de Finn-Bar.

Si nous avons un peu longuement peut-être raconté les luttes de Charles I*er* avec les parlements d'Angleterre et d'Écosse, ses luttes contre les puritains, c'est que sans ces explications, et si on ne connaissait parfaitement quelle situation était faite au roi, on rendrait trop lourde la part qui peut lui être attribuée dans ces malheurs. Charles était comme les grappes sous le pressoir ; son sang allait couler jusqu'à la dernière goutte : mais les veines de l'Irlande devaient auparavant être brutalement ouvertes. 1 était presque seul contre tous. Ses amis, loin de la conjurer, précipitaient sa ruine.

Les folies de Buckingham l'avaient dépopularisé, les sévérités de Laud lui étaient imputées; on pouvait rejeter sur lui l'odieux de la persécution irlandaise suscitée par lord Strafford, et tous ceux qui, au mépris de la parole de Charles, se montrèrent défavorables à l'Irlande assumèrent sur leur mémoire la responsabilité de leurs actes.

La violence de Strafford se déchaîna avec furie. La résistance de l'Irlande lui parut nonseulement une injure faite au roi, mais une insulte personnelle. Son ambition demeurait intéressée à l'humiliation du Connaught. Il ne supportait pas l'idée de voir son pouvoir méprisé et sa vice-royauté méconnue. Le simple gentilhomme du Yorkshire, d'abord partisan du peuple, adversaire de la cour, ne tarda pas à comprendre que la faveur de la populace, si elle enivre quelquefois de ses bruyants hommages, ne fait rien pour satisfaire l'ambition de ceux qui la servent. Wentworth se rapprocha donc de Charles, qui, appréciant son énergie, le fit baron, vicomte, et l'éleva aux plus hauts emplois. Presque roi à côté du roi, Strafford crut qu'il pouvait aider malgré elle la royauté d'Angleterre. Il arrivait à la fin de sa tâche, quand le Galway tout en armes se plaça devant lui, criant :

— Tu n'iras pas plus loin, *Erin go braegh!*

Strafford, avant d'en venir aux mains, esaya de tromper les vaillants du comté en leur proposant de soumettre la question en litige à un jury choisi par les notables du comté.

Finn-Bar, consulté avec déférence, ne se laissa pas prendre à ce semblant d'équité. Mais il avait horreur du sang, et, pour épuiser tous les moyens de pacification, il conseilla à ses amis, nobles comme lui, comme lui devenus pauvres, d'accepter la proposition de Strafford.

Dans ce comté soulevé par la guerre civile, où chaque nuit on s'attendait à entendre les décharges de la mousqueterie, où chaque jour devait voir une embuscade, on choisit les hommes les plus considérables par leurs vertus pour délibérer sur les propositions du vice-roi.

Darcy convoqua le jury.

L'assemblée qui se réunit sous sa présidence était morne et grave. L'opinion de tous fut unanime pour refuser un vote défavorable à la cause de l'Irlande.

Darcy se leva et prononça contre le roi des paroles amères.

Alors Finn-Bar, qui comptait cependant dix de ses fils dans l'armée et dont les deux plus jeunes souffraient encore de leurs blessures, entreprit de défendre Charles I".

« Pour le juger, dit-il, l'avez-vous entendu ? Préoccupé qu'il est du soulèvement de l'Écosse, presque menacé par la France qui s'oppose à ce que l'époux d'Henriette-Marie reçoive à Saint-James la mère exilée de Louis XIII ; tourmentée en sens contraire par les factions religieuses, mal conseillé par les uns, abandonné de la plupart, trompé par les plus fidèles qui tentent de satisfaire leur ambition personnelle et de donner l'essor à leur prétendu génie militaire ou politique, il est, le pauvre roi, aussi malheureux que l'Irlande elle-même, généreux et bon, chevaleresque et loyal. On déchire d'une main sacrilége les parchemins qu'il scella de son sceau. Sait-il de quelles horreurs le Connaught est le théâtre ? Tous ont intérêt à le tromper : les ministres laïques et les évêques. On ne lui dispute pas la connaissance de la vérité, on la lui dissimule tout entière! Certes, ce n'est pas moi, fils des Forts de l'Irlande, enfant de ses premiers martyrs, descendant de ses souverains, qu'on accusera de manquer de patriotisme ! à défaut de ma parole, mes fils témoigneraient pour moi ! Mais il s'agit d'être juste, et la justice est une! Soldat, paysan ou roi, chacun a droit à la même lumière, à la même balance. Or, j'ai l'expérience des hommes, j'ai vu et jugé le roi Charles, et j'affirme devant tous qu'il est indignement trompé. Laissons donc à Strafford ce qui émane de Strafford. Ce qu'il réclame au nom de la couronne est abusif; repoussons-le. Malgré le joug du despotisme que nous avons subi, l'on n'ose encore passer outre et mépriser toutes les formes légales. Nous sommes douze jurés, élus par les gens de Galway; nous tenons notre mandat d'un homme de cœur, et nous le remplirons jusqu'au bout. Si le Connaught est le dernier rempart du catholicisme proscrit, nous le garderons libre. Strafford en respectera les limites. D'un côté les soldats nous entourent, le mousquet sur l'épaule; de l'autre les agents de justice refont la carte du comté, afin de nous prouver que la terre sur laquelle nous naquîmes ne nous appartient pas. En face de ces deux dangers nous ne concevrons même pas d'inquiétudes. Tout jury est sacré. Quiconque s'attaquerait à notre inviolabilité payerait cher sa folie; et, dussions-nous d'ailleurs être victimes de notre courage, nous n'en voterons pas moins contre les prétentions de la couronne! »

Des acclamations bruyantes retentirent.

Darcy prit la parole pour appuyer Finn-Bar, et en dépit des arguties de la chicane, des menaces de l'épée, les habitants du comté furent maintenus dans leurs droits, et la demande faite au nom de Charles repoussée à l'unanimité.

Finn-Bar chargé par ses collègues de transmettre à Strafford la décision du jury accepta cette tâche dangereuse.

Admis en présence du covenantaire, il lui annonça avec un grand calme, qui rendait plus visible encore l'irritation du vice-roi, la déclaration du jury.

Strafford bondit de son siége, et s'avançant avec menace vers le vieillard :

« Tu payeras ton audace de ta vie !

— Je suis venu en ambassadeur, répondit froidement Finn-Bar.

— Je ne connais pas d'ambassadeur parmi les rebelles.

— Vous-même, milord, autorisâtes le shérif Darcy à convoquer les jurés de Galway.

— Cela est vrai ! répondit Strafford au comble de l'exaspération, mais il répondra du choix qu'il a fait... Quand on cherche les hommes chargés de défendre des intérêts sacrés, on montre plus d'adresse.

— Il y a mis seulement de la loyauté, milord.

— Darcy sera ruiné par une amende ; la cour de Dublin prononcera sur le sort des jurés audacieux ! Ils s'humilieront le front dans la poudre, ils plieront sous une verge de fer, à moins qu'ils ne donnent leur tête au bourreau ! »

Strafford marchait dans la salle avec une agitation extrême, et son regard lançait de fauves éclairs sur Finn-Bar.

Celui-ci calme, le front haut, attendait.

Un sourire de mépris errait sur sa lèvre, quand il regardait cet homme fou de rage, menaçant, livide, parcourant son cabinet de travail comme une bête fauve fait en sa tanière.

Strafford saisit la pensée de Finn-Bar.

Il eut honte de son emportement, et, étendant le bras, il s'efforça de dire avec solennité !

« Allez, la Cour Étoilée de Dublin prononcera. »

Les jurés s'attendirent dès lors à une condamnation personnelle.

Ils avaient rempli leur devoir et ne pouvaient rien contre les violences du despotisme. Ils en subirent les dernières rigueurs.

Mais si ces hommes courageux ne sauvèrent pas ceux qu'ils défendirent, ils s'associèrent du moins à leur infortune.

La Chambre Étoilée cita les jurés de Galway à sa barre.

Ils comparurent tous. L'accusation les déclarait traîtres au roi, et les montrait comme fauteurs de sédition.

Ils se défendirent en quelques mots et attendirent leur sentence.

L'héroïsme se paye d'habitude à haut prix, et se voit souvent châtier plus rudement que le crime.

Strafford, ainsi qu'il l'avait dit à Finn-Bar, demanda la condamnation à mort du shérif Darcy.

Il fallait seulement pour l'exécuter la signature du roi au bas de l'arrêt.

Quant aux jurés, chacun d'eux fut condamné à payer une amende de 1000 liv. (4000 francs), et à déclarer à genoux devant le vice-roi qu'il s'était trompé dans sa décision, et qu'en jugeant comme il l'avait fait, il avait commis un parjure.

En entendant le chiffre de l'amende qui leur était imposée, les jurés demeurèrent impassibles.

Quand on en vint à leur lire le passage qui les obligeait à s'humilier devant Strafford, ils répondirent d'une seule voix :

« Jamais ! »

On voulut les obliger par la force à courber le front devant le vice-roi. L'un d'eux s'écria :

« Vous pouvez abattre nos têtes, mais non point les plier.

— On nous ruine, dit un autre, on ne nous avilira pas !

— J'en appelle au roi ! » ajouta la voix puissante de Finn-Bar.

Un grand tumulte se fit dans la salle.

Il fallait ou massacrer sur place les jurés rebelles à l'autorité de lord Strafford, ou ne pas donner d'importance à leur refus.

Un seul homme paya pour tous.

Darcy fut entraîné hors de la salle et rejeté en prison.

Comme il passait devant Finn-Bar, il lui cria :

« Retourne à Londres ! ici tu ne peux rien pour nous ! »

Finn-Bar mit un doigt sur ses lèvres et leva les yeux au ciel.

Immédiatement, la Cour Étoilée convoqua un nouveau jury.

Elle le composa d'hommes effrayés par les violences accomplies et obtint une décision conforme à ses vues spoliatrices.

Presque en même temps, un messager partait pour Londres afin d'obtenir de Charles I« qu'il ratifiât la sentence de mort prononcée contre le shérif Darcy.

Finn-Bar n'avait pas quitté Glascow.

Lui et ses fils s'étaient pour un temps séparés de l'armée, afin de rendre au parti irlandais des services plus importants. Ils pressentaient du reste ce qui ne pouvait manquer d'arriver. Après la décision du nouveau jury, Strafford se hâterait de mettre à exécution son projet de colonisation anglaise, et le Galway allait être le coin le plus désolé de l'enfer terrestre que l'on appelait le Connaught.

La misère de cette partie de l'Irlande était si grande et si connue qu'il existait un proverbe anglais disant : — Va en enfer ou en Connaught!

Strafford expédia un messager à Londres.

Il devenait indispensable d'adresser au roi les doléances de l'Irlande.

« Pars pour l'Angleterre ! » avait dit Darcy.

Finn-Bar comprit que ce voyage pouvait seul sauver la vie au shérif.

- Avant tout, il fallait s'assurer que la demande

sanguinaire de Strafford n'arriverait point avant la supplique de l'Irlande.

Finn-Bar prit à part ses trois fils aînés et conféra avec eux. Tous étaient dignes d'être traités en hommes.

Lutter de vitesse avec le messager de Strafford était difficile ; le manque de relais rendait la situation précaire. Ce voyage devait s'effectuer avec une rapidité folle, et un hasard malheureux pouvait faire avorter les plans les mieux conçus.

« Emparons-nous du courrier, dit Patrick.

— Et les dépêches ?

— Mon père s'en chargera.

— Quoi ! demanda Edward, mon père remettrait les lettres de lord Strafford à Londres ?

— Qu'importe, puisque le roi sera prévenu.

— Pas de sang versé, mes fils ?

— Non, mon père, milord ne peut manquer d'informer le roi de ce qui s'est passé à la Chambre Étoilée. Nous établissons une garde vigilante autour du palais. Nous quittons Dublin en même temps que lui. Tous quatre nous mettons le pied sur le sol anglais. Le courrier monte à cheval, nous le suivons, et avant le premier relai, la nuit suivante nous l'arrêtons, nous prenons ses papiers, et nous nous chargeons de le retenir prisonnier jusqu'à votre retour. Pendant ce temps, protégé par l'habit du courrier royal, vous arrivez à Londres. Vous remettez les dépêches afin de ne pas exciter la défiance par un retard, mais vous pouvez en même temps en prévenir l'effet en demandant au roi une nouvelle audience.

— Je crois ce plan facile à exécuter, mon fils Patrick, et si vos frères pensent comme vous...

— Nous ne regrettons qu'une chose, dit Edward, c'est de ne point être nous-mêmes chargés de cette mission.

— Il viendra un jour, ajouta Walter, où il nous sera donné, nous l'espérons, de prouver d'une façon plus décisive notre dévouement à l'Irlande.

— Tous vos actes concourent au même but, il suffit ! Allez donc, poursuivit le vieillard, veillez autour de la demeure du vice-roi, autour du palais de la Chambre Étoilée ; moi je resterai au bord de la mer, non loin des bâtiments qui font la traversée. »

Peu de temps après Finn-Bar s'éloignait du côté du rivage, tandis que ses fils rejoignaient leurs frères et assignaient à chacun un poste déterminé.

Ils veillèrent comme des sentinelles.

Les fenêtres de l'appartement de lord Strafford demeurèrent éclairées toute la nuit.

Vers le matin, le vice-roi d'Irlande s'arrêta épuisé de fatigue.

D'une main tremblante il traça ces dernières lignes :

« J'espère qu'on ne me refusera pas la vie
« du shérif Darcy ; mes traits sont cruels sans
« doute, pour blesser aussi mortellement, mais
« il faut bien que le roi conserve ses droits. »

Il osait appeler les droits du roi les exigences de son ambition et le déchaînement de ses colères.

Puis ayant scellé cette lettre, il mit en suscription :

A lord Wanderford, *en son palais*. Londres.

Il sonna et demanda à un page qui parut aussitôt :

« Le courrier est prêt ?
— Oui, milord.
— Quand le bâtiment met-il à la voile ?
— Ce matin.
— Qu'il parte, et qu'arrivé en Angleterre il crève les chevaux à chaque relai. »

Quand le courrier quitta le palais du vice-roi Edward, Walter et Patrick le suivirent jusqu'au petit bâtiment, et s'y installèrent comme passagers en même temps que Finn-Bar.

VIII

COURRIER D'IRLANDE.

Les quatre Irlandais ne portaient point le carrick national. La haine contre leur pays était trop grande pour qu'ils pussent le faire sans danger; ce n'était pas l'heure de jouer une vie nécessaire pour l'accomplissement de grands projets.

Assis à l'avant du bâtiment, confondus avec les matelots et de pauvres passagers, ils se rapprochaient plus par leur grave attitude des austères puritains que des Irlandais catholiques. Les haillons se ressemblent dans tous les pays, et les quatre défenseurs des priviléges irlandais se cachaient sous la livrée de la misère.

Le bâtiment filait comme un cygne sur les flots purs du canal, la traversée fut courte. En même temps que le courrier de Strafford, Finn-Bar mit le pied sur la côte anglaise.

Le costume de Tobby Steale, la façon brusque avec laquelle il demanda un cheval, exercèrent une influence marquée sur le maître de poste chez qui il entra. Trois valets d'écurie s'élancèrent à la fois ; il va sans dire que la meilleure bête fut pour Tobby Steale ; mais c'est une justice à rendre au maître de l'auberge de la *Coupe d'or*, que ses chevaux avaient tous belle mine et ne mouraient pas de faim devant une mangeoire vide. A peine le courrier était-il en selle que Finn-Bar et ses fils demandaient des chevaux à leur tour.

« Des chevaux! répondit Adam Mug, croyez-vous qu'on en confie de la sorte à toutes gens ? Service du roi, sans doute; mais qui me garantit que vous ramènerez demain les chevaux que vous désirez louer pour deux jours?

— Combien les quatre chevaux ? » demanda Finn-Bar.

Adam Mug le regarda de travers.

Il commençait à craindre d'avoir affaire à des bandits.

« Je ne souhaite pas les acheter, dit Finn-Bar;

vous paraissez douter de ma bonne foi; je vous offre des garanties. Quelle somme faut-il déposer pour avoir tout de suite quatre chevaux?

— Vingt livres, dit-il.

— Quand on vous les ramènera...?

— Je vous en rendrai dix-neuf.

— Voici les vingt livres; hâtez-vous seulement.

— Vous allez donc recueillir un héritage, demanda l'aubergiste, que vous semblez si pressé et que vous marchandez si peu?

— Je vais défendre mes intérêts, du moins.

— Allons, buvez une goutte d'usquebaugh pour vous réchauffer; la nuit sera fraîche... Hola! Gib, Tom! fainéants! quatre chevaux, et vite! »

Les valets eurent lestement sellé les bêtes jeunes et vives, et les cavaliers, donnant à Adam Mug rendez-vous pour le lendemain, s'élancèrent sur la route.

Le courrier avait environ vingt minutes d'avance.

Il fallait se hâter.

Le jour baissait et le soleil, caché par un voile de brume donnait une clarté rouge sans reflet et sans flamme.

Les cavaliers dévoraient l'espace.

Ils ne voulaient cependant pas rejoindre Tobby Steale avant que la nuit fût complétement venue.

Quand ils purent l'apercevoir au point culminant d'une petite colline, ils ralentirent la marche de leurs chevaux. Tous se taisaient. Leur forces, tendues vers un même point, se combinaient avec une puissance d'énergie extrême. Enfin le soleil, sombrant dans un océan de brouillards, annonça aux Irlandais que l'heure d'agir était venue.

Un coup d'éperon emporta leurs chevaux avec une rapidité prodigieuse.

Tobby, entendant galoper derrière lui, tourna la tête avec une certaine inquiétude.

Il distinguait mal les cavaliers, mais les pas des chevaux lui en disaient le nombre. Comprenant qu'on le poursuivait, il tira un couteau de sa poche, l'ouvrit et s'apprêta à se défendre en cas d'attaque.

Le cheval épuisait ses forces dans une course effrénée ; mais, en dépit de son zèle, Tobby se vit soudain entouré par quatre cavaliers dont les chapeaux abaissés cachaient le visage.

« Tes dépêches ? » dit Patrick.

Pour toute réponse, Tobby leva son couteau.

Walter lui saisit le poignet et le serra avec une

force telle que l'arme échappa des mains du courrier.

« Il est inutile de nous résister, dit Finn-Bar d'une voix grave, nous ne te ferons aucun mal... Donne-nous les dépêches dont tu es porteur, ou nous les prendrons nous-mêmes. »

Tobby ne céda pas ; c'était un garçon comprenant le mot *devoir*. On lui avait confié un dépôt, il devait le défendre au prix de sa vie. Une lutte était inévitable, son résultat ne pouvait être douteux. En un instant, et malgré ses efforts désespérés, Tobby fut enlevé de son cheval, dépouillé de son costume de courrier ; et tandis que Walter, Edward et Patrick le maintenaient, Finn-Bar, faisant un paquet de ses vêtements irlandais les attachait sur son cheval et revêtait le costume de Tobby.

« Ne crains rien, dit Patrick à Tobby, nous sommes commis à ta garde pour un temps plus ou moins long, mais tu n'auras pas lieu de te plaindre de nous. »

Finn-Bar observa attentivement le paysage et recommanda à ses fils de ne pas quitter cet endroit sauvage et désolé où nul ne s'aviserait de les poursuivre.

Il serra ensuite la main de chacun d'eux et s'éloigna au galop.

« Nous passerons la nuit ici, dit Patrick ; demain Walter reconduira les chevaux à l'aubergiste. »

Les jeunes gens et le malheureux Tobby, que l'on avait légèrement garrotté malgré ses promesses de ne point tenter de s'évader, dormirent sur la bruyère. A l'aube, Walter ramena les chevaux au propriétaire de la *Coupe d'or*, reçut les dix-neuf guinées qui en représentaient la valeur et rejoignit ses frères vers la moitié du jour. Il avait fait la route à pied, et encore s'était-il chargé de provisions.

« J'ai pitié de ce garçon, dit Patrick à ses frères : si nous lui rendions la liberté ?

— Il nous dénoncera.

— Non, quand il comprendra que ce serait contraire à ses intérêts.

— Ah! cela... fit Tobby Steale d'un air de doute.

— Est l'exacte vérité. Examinons cette question ensemble.

— J'écoute, dit maussadement le captif.

— Que fait-on à un courrier qui perd ses dépêches ?

— Je ne sais pas, répondit Tobby.

— On le pend.

— Mais je ne les ai pas perdues : on me les a volées...

— Qui le prouvera? Si tu veux attendre patiemment au milieu de nous le retour de celui qui porte les missives, on te rendra ton uniforme, en poussant la conscience jusqu'à te confier les réponses faites aux lettres que tu seras sensé avoir portées à leurs destinataires.

— Mais alors, demanda Tobby, lord Strafford...

— Ne saura jamais qu'un autre courrier a été substitué au sien... Si tu parles, on te pend ; si tu te tais, comme notre ami et ton remplaçant ira pour le moins aussi vite que toi, tu recevras des éloges pour ta célérité et une gratification pour ton intelligence.

— Vous pouvez me délier les mains et compter sur moi, » dit Tobby.

Patrick rendit leur liberté aux poignets du courrier, et tous quatre firent un repas frugal, après lequel, comme la veille, ils s'étendirent sur le sol et s'endormirent. Quand ils s'éveillèrent, une pluie fine tombait.

Ils jugèrent indispensable de chercher un asile, et ayant découvert à un mille de distance de la route une masure en ruine, ils lui firent une porte de genêt, s'y enfermèrent et convinrent seulement que chacun à son tour veillerait à la sécurité générale.

Laissons Tobby dans la cahute avec Patrick, Walter et Edward, et suivons le vieux Finn-Bar courant à franc étrier sur la route de Londres.

Le sentiment d'un devoir à remplir rendait au vieillard l'activité de la jeunesse.

Le sang coulait en Irlande; chaque minute représentait plusieurs vies. Il dévorait l'espace la nuit comme le jour, descendant à peine de cheval à la porte des auberges et ne prenant pas le temps d'y faire un long repas; aux relais il buvait un verre d'usquebaugh et mordait dans un gâteau d'avoine, tandis qu'on sellait un cheval frais. Si l'aubergiste curieux et bavard l'interrogeait sur les événements dont le comté de Galway venait d'être témoin, Finn-Bar répondait avec une circonspection extrême, ne sachant pas si ceux qui le questionnaient tenaient pour le covenant ou pour le pape. A son tour, il s'inquiétait de la disposition des esprits, afin de pouvoir en rendre compte à qui de droit.

Sa monture prête, il sautait sur le dos du cheval vigoureux et disparaissait au galop.

Si le maître de l'auberge le saluait d'un : *Dieu sauve l'Irlande!* il comprenait qu'il avait affaire à un catholique, et faisait de la main signe qu'il s'arrêterait au retour dans cette maison hospitalière.

Plus d'une fois il trouva sur les chemins des espèces de *caterans* dont la rencontre pouvait être fâcheuse. Il se tirait d'affaire avec eux en leur payant impôt de passage.

Il lui fut plus difficile d'échapper à une bande de bohémiens dont son cheval excitait l'envie. Le chef de la troupe possédait lui-même un poney ; mais une jeune femme qui paraissait fort malade, et un homme blessé, assis ou plutôt couchés à côté d'une charrette, semblaient incapables d'avancer.

Le cadavre d'un cheval gisait non loin, et les restes d'un foyer dispersé fumaient encore.

Des débris informes, des lambeaux, la blessure du bohémien, tout attestait que cette halte de la tribu gipsye avait été marquée par un combat. La femme poussait des plaintes étouffées le bohémien souffrait avec un farouche courage. Du plus loin qu'il aperçut Finn-Bar, le chef de la bande lui fit signe d'arrêter. Le courrier n'eût sans doute pas obtempéré à une demande qui ressemblait fort à une menace, si l'homme au teint olivâtre ne lui eût désigné d'un geste éloquent le blessé et sa compagne.

Finn-Bar tendit sa gourde remplie d'usquebaugh.

Le bohémien la saisit avec empressement, courut près du blessé et de la jeune femme et leur en fit avaler, quelques gouttes. Ensuite il pria Finn-Bar de descendre de cheval et de l'aider de ses conseils pour le soulagement des malades.

En même temps qu'il suppliait l'Irlandais d'une voix douce et cherchait tous les moyens possibles de l'attendrir, le bohémien multipliait des signes mystérieux en regardant deux garçons alertes et robustes, à l'air sauvage, au teint brun, aux cheveux emmêlés. Finn-Bar comprit alors que le gipsy avait pour but de s'emparer de sa monture. Elle eût en effet remplacé avantageusement le poney mort, dont l'emploi était de conduire la charrette destinée à la femme, aux enfants, et qui recevrait pour surcroît de charge le blessé fait dans la dernière escarmouche Finn-Bar se contenta de dire :

« Je ne suis pas médecin, gardez la gourde, je suis pressé et je continue ma route.

— Eh bien ! dit le bohémien en s'approchant brusquement de Finn-Bar et en prenant le cheval par la bride, ce n'est pas assez de nous faire don de ta gourde, cette femme ne saurait marcher...

— Vous avez un cheval.

— Pour six personnes !

— Ce ne sont point mes affaires, » répondit le courrier. Et imprimant un brusque mouvement à sa monture, il entraîna le gipsy qui se cramponnait à la bride.

Un des jeunes garçons sauta sur le poney et se mit à suivre Finn-Bar. Il brandissait un couteau et poussait des cris sauvages. L'Irlandais redoutait une lutte qui pouvait lui être désavantageuse et prendrait sûrement du temps. Il tira un poignard de son habit, coupa brusquement la bride et le bohême roula sur la route tenant dans ses mains crispées l'inutile lanière de cuir.

En ce moment le garçon rejoignait le bohémien, qui sauta sur le cheval ; malgré l'augmentation du poids qui le chargeait, le poney continua à courir.

Finn-Bar prit le mousquet qu'il portait en bandoullière et tira sur le groupe.

Un cri fut poussé, mais le cheval continua sa poursuite et les cavaliers se maintinrent en selle.

Alors Finn-Bar fit volte-face, et tandis que les gipsyes le menaçaient de deux couteaux, il enfonça son épée dans le poitrail du poney et reprit sa course ventre à terre. Quand il tourna la tête, il vit l'animal se roulant sur la route et les cavaliers gisant sur le sol.

Une maison de poste se dressait sur la route; Finn-Bar changea de monture et repartit.

La route s'acheva pourtant.

Lorsque Finn-Bar aperçut Londres émergeant du sein du brouillard comme une cité maritime, il lui sembla de nouveau que l'Irlande gagnait sa cause.

Il s'informa de la demeure de Wanderford, et arriva à la porte de son hôtel.

Il était éclairé d'une façon brillante.

Wanderford, qui affectait un grand puritanisme à l'égard de quelques membres du parlement, se dédommageait de cette contrainte en se livrant la nuit à de folles orgies.

Ce soir-là une douzaine de gentilshommes et de femmes dont les mœurs pouvaient être suspectées, soupaient dans une salle à manger décorée, plutôt selon le goût italien, que d'après la coutume anglaise. Des glaces, luxe fort rare encore, reflétaient les frais visages et les riches toilettes ; les torchères tendaient leurs bras de bronze doré ; les fleurs embaumaient; les émanations des vins capiteux et des parfums violents se mêlaient dans une lourde atmosphère.

Un page, d'une ravissante figure, vint, au dessert annoncer à lord Wanderford un envoyé du vice-roi d'Irlande.

« Je vous demande pardon dit le gentilhomme à ses invités, il se peut que les nouvelles soient importantes.

— Faites entrer ce courrier, dit Edland, et ne quittez pas la table, sans quoi notre gaité s'en ira.

— Vous avez raison, par la Bible! s'écria Wanderford. »

Un instant après le courrier parut. Il jeta un regard sévère sur cette assemblée d'hommes efféminés et de femmes effrontées, et tendit en silence la missive de Strafford.

« Ah! ah! fit Wanderford en parcourant la lettre du regard, on se bat, on se révolte là-bas... L'autorité est méconnue et la messe a le dessus! Par la mort! tant que Wanderford sera en vie, le papisme ne l'emportera pas!

— Que mande Strafford? demanda l'un des invités.

— Il se plaint de l'insubordination de l'Irlande en général, de celle du comté de Galway en particulier, et termine en exigeant la tête de Darcy.

— Eh bien? dit une femme.

— Il l'aura.
— Quand ?
— Hérodiade demanda pendant un festin la tête du précurseur je cours au palais du roi chercher la sentence de mort de Darcy. »

Finn-Bar frissonna.

« Quand viendrai-je chercher la réponse de Votre Grâce ?
— Es-tu chargé de la porter à Strafford ?
— Oui, Mylord.
— Sois ici dans deux heures. »

Le courrier s'inclina et sortit.

Deux heures ! Il n'avait que deux heures pour sauver celui que Strafford condamnait. Dans l'espace de deux heures, il devait se rendre à Saint-James et obtenir une audience du roi.

Finn-Bar quitte le palais de Wanderford, remonte à cheval et s'élance, au hasard, dans une rue complétement obscure. Une lanterne peinte en rouge lui sert à reconnaître un de ces antres dans lesquels le Wisky, l'usquebaugh, le gin et le toddy coulent, suivant le goût et la fortune des consommateurs.

Il fallait à l'Irlandais une chambre afin de remplacer son costume de courrier par le carrick national. Il attacha son cheval à l'anneau de fer

fixé dans la muraille, enleva le manteau attaché
à la selle, descendit deux marches, et pénétra
dans un bouge. L'odeur de suif et d'huile rance
prenait à la gorge dès l'entrée. Trois hommes
ivres ronflaient, à côté de pintes de gin; la
propriétaire de l'immonde cabaret, couverte,
plutôt qu'habillée de loques, traçait du doigt
des chiffres sur une table couverte de Wi-ky,
formant des flaques brunes. En entendant le pas
d'un nouveau consommateur, Molly leva la
tête.

« Puis-je boire une bouteille d'usquebaugh en
liberté? demanda Finn-Bar ».

La vieille désigna une table libre.

« Avez-vous un cabinet ? »

Molly regarda l'uniforme de l'Irlandais, et,
rassurée sans doute, par la vue des galons d'argent
qui en couvraient les coutures; elle prit un
chandelier, marcha devant lui, ouvrit la porte
d'une chambre ayant, environ, dix pieds carrés,
et se retira.

Dès que Finn-Bar se trouva seul, il ôta rapidement
son costume de courrier endossa l'habit
national, ceignit l'épée que Charles Ier lui avait
offerte, s'enveloppa de son carrick, et, sortant
du cabaret, pria l'hôtesse de lui indiquer la direction
du palais Saint-James.

Quand il se trouva dans la rue l'Irlandais hâta le pas.

Wanderford ne devait pas avoir perdu de temps.

Au bout d'une demi-heure Finn-Bar se trouva en face du palais. Il songea tout de suite que le meilleur moyen pour voir sans retard Sa Majesté, était, comme la première fois, de demander une audience à Georgina. En conséquence, il remit une pièce d'or à un homme du palais, en le priant, de se rendre à l'appartement de lady Egton et de la prévenir qu'un courrier d'Irlande venait d'arriver. Un moment après le valet redescendait, et annonçait à Finn-Bar que lady Georgina Egton pouvait le recevoir.

Le premier mouvement de la jeune fille fut de tendre les deux mains au vieillard.

« Et Jessy ? demanda-t-elle.

— Jessy allait devenir la femme de mon fils quand Strafford a ordonné les massacres.

— Que dites-vous, Finn-Bar ?

— Une vérité horrible... à qui puis-je l'apprendre, ce soir ?

— Vous voulez voir la reine ?

— Non, le roi, pour lui demander ce que vaut sa parole.

— Hélas, dit Georgina, quel respect ont de

ses ordres ceux qu'il charge de les exécuter ?

— Puis-je voir le roi ? répéta Finn-Bar.

— Je ne sais.

— Y a-t-il donc fête à la cour ce soir.

— Fête ! aucune maison de Londres n'est plus triste que le palais de Saint-James. Les courtisans n'ont ni le même culte, ni les mêmes opinions politiques. Le roi est encore anglican, la reine se montre zélée catholique... Mais tous deux sont bons et ils s'aiment !... Oh ! ils s'aiment comme s'il n'étaient pas rois ! Non, il n'y a point de fête dans les appartements privés, mais ce qui se passe est plus grave...

Les presbytériens, et les puritains, le pardonneraient encore moins à la reine, que lesquelques bals donnés pour distraire les dames et les gentilshommes de France. Il y a conciliabule, conférence ; la reine m'a confié qu'elle recevait ce soir l'agent que le pape envoie à Londres pour traiter des affaires de religion ; il doit rencontrer chez Sa Majesté un ancien ministre protestant, Goodman, qui s'est converti depuis peu aux croyances de l'Église romaine... Je ne serais pas étonnée que le roi rejoignît Henriette de France chez elle.

— L'heure est propice, dit Finn-Bar ; et il est est possible que les détails de ce qui vient de se passer dans le comté de Galway influent sur les décisions à prendre.

— Vous savez, répondit Georgina que la reine vous donnera toujours audience.

Alors, lady Egton, veuillez la prévenir ; les nouvelles d'Irlande sont importantes. »

Au moment, où Georgina se chargeait du message de son vieil ami, lord Wanderford franchissait le seuil du palais.

Il s'adressa à un officier du roi, en ajoutant, qu'il souhaitait, à l'instant même, communiquer à Sa Majesté des faits intéressants.

Charles Ier venait de quitter son cabinet et de passer dans l'appartement de la reine.

Henriette Marie, assise sur un haut fauteuil, écoutait la parole accentuée et énergique de l'envoyé de Rome. Goodman paraissait vivement ému. On discutait, en ce moment, la situation faite aux catholiques tant Anglais qu'Irlandais, et on se révoltait contre les prétentions de la Chambre des communes.

A l'arrivée de Charles, le chargé d'affaires du pape et l'ancien ministre protestant se levèrent.

« Je viens prendre part à cette conférence, et non point la troubler, » dit le roi.

Goodman discutait la possibilité d'un moyen répressif, quand un officier souleva la tenture.

« Sire, dit-il, un courrier d'Irlande !

— Qu'il entre ! » répondit le roi, après avoir consulté Henriette de France du regard.

Lord Wanderford entra.

Il plia le genou et remit au roi la missive de Strafford.

« Oh ! fit Charles Ier, ceci est grave... Lord Strafford demande la tête de Darcy, schérif de Galway. De quoi l'accuse-t-il ?... Il parle de jury, de rébellion ; mais il me semble que je ne suis pas assez instruit de ce qui vient de se passer pour prendre une détermination aussi grave qu'une condamnation capitale.

— Sire, l'Irlande est un centre de révolte.

— Je ne sais, milord ; mais le jour où je ne pourrais lutter contre l'Écosse ou contre l'Angleterre, les premiers sujets que j'appellerais autour de moi seraient les fils de l'Irlande...

— L'Irlande ! bientôt, Sire, grâce au zèle de Strafford, il n'y restera plus d'Irlandais... Sont-ce des sujets dévoués que des hommes qui refusent de restituer à la couronne les domaines qui lui appartiennent, et méconnaissent et méprisent l'autorité du souverain dans celle de son vice-roi ? »

En ce moment la portière fut soulevée de nouveau, et une voix douce annonça :

« Courrier d'Irlande! »

Lord Wanderford tourna brusquement la tête.

Henriette-Marie reconnut Finn-Bar.

« Sire, dit l'Irlandais, en tirant du fourreau l'épée que le roi lui avait donnée, je viens vous dire que j'ai rougi cette lame dans le sang des Anglais, que je me suis battu pour ma pauvre Irlande, ne pouvant croire que vous veniez d'ordonner de l'égorger après m'avoir dit : Je veux qu'elle vive ! Ce que vous écrit lord Strafford n'est que mensonge. Sire, j'ai tout vu ! je me suis battu deux jours; mes fils ont, comme moi, pris le parti de leur patrie, de leur culte. Les plus jeunes sont blessés et m'attendent. Darcy, que doit accuser la lettre du vice-roi, s'est conduit en homme de cœur. Il a vu la mort, en face de lui, sans reculer. Les membres du jury, à son exemple, ont rempli leur devoir. Que vous régniez sur l'Irlande, Sire, c'est justice; mais qu'on vienne disputer à leurs propriétaires légitimes les domaines qu'ils possèdent depuis des siècles, cela est abusif et impossible. Henri VIII, Élisabeth, et le roi votre père ont chassé les Irlandais de la plaine sur les hauteurs puis du bois dans les bogs. On n'a pu supporter leur présence dans l'Uslter, le Munster et le Leister; et le Connaught, la plus aride et la plus malsaine partie de l'Irlande, nous a seul été laissée. On doit nous la retirer encore? Où voulez-vous que nous émigrions, Sire? quel pays nous assignez-vous pour retraite? Devons-nous passer les mers, fuir vers l'Amérique et y fonder, nous aussi, des colonies? Strafford vous trahit en accablant l'Irlande ; il ne craint pas de déclarer insuffisant l'abri que vous lui donnez sous votre manteau royal! Le sang qui coule crie contre vous. Strafford répète qu'il a des ordres; nous refusons de le croire.

— Et vous avez raison ! répondit le roi. Ce n'est pas le petit-fils de Marie d'Écosse qui proscrira et fera massacrer les coreligionnaires de son aïeule ! »

Puis Charles se tournant vers Wanderford.

« Lord Strafford est rappelé d'Irlande ; et, périsse Charles Ier lui-même, avant qu'un seul Irlandais soit puni de son amour pour la liberté. »

« Lord Wanderford regarda le roi en face.

Que Votre Majesté daigne se souvenir que l'Angleterre est protestante et l'Écosse puritaine.....

— Eh bien ! repartit le roi, nous ferons plutôt la guerre à l'Écosse que d'abandonner l'Irlande.

— Je puis n'être point partisan de cette politique, repartit Wanderford, mais je resterai du moins fidèle défenseur de votre personne.

— Avant d'être roi, s'écria Charles, je suis chevalier et saurai tirer l'épée moi-même.

— J'insiste, Sire, dit Wanderford, et je puise le courage nécessaire pour me mettre en opposition avec vos vues dans le sentiment que j'ai de la gravité des circonstances. On vous a reproché vos tolérances pour l'Irlande; Strafford vous servait malgré vous, dans l'intérêt de la couronne; sa disgrâce peut être regardée comme un attentat aux droits de la religion.

— Ah! fit Charles I*er*, on ose appeler servir le prince que l'accabler devant la postérité par le souvenir du massacre de tout un peuple. Stuart, seul, sait comprendre l'honneur d'un Stuart ! »

Wanderford salua respectueusement le roi, s'inclina plus bas devant la reine, et sortit en jetant un regard curieux sur l'envoyé de Rome, dont le visage disparaissait presque dans l'ombre, puis un autre regard rempli de haine et de menaces sur le ministre Goodman.

Quand Wanderford fut sorti, la reine Henriette respira plus librement.

Charles I*er* prit un parchemin, y traça rapidement quelques lignes, signa, scella la lettre et la tendit à Finn Bar Mac O'Rourke.

« Si je n'ai plus de fidèles sujets en Angleterre, dit le roi avec mélancolie, je sais que j'en compte en Irlande. Au revoir, Finn-Bar! Nous nous reverrons encore..... Qui sait si ce que je fais aujourd'hui ne m'obligera pas à chercher dans le comté de Galway la sécurité que l'on me dispute ici pour me la refuser bientôt. »

Le vieil Irlandais baisa la main au roi.

« Si jamais vous succombez, Sire, répondit-il, c'est que les treize épées remises par vous aux enfants de nos vieux rois seront tombées de mains glacées par la mort. »

Un moment après, Finn-Bar quittait le palais de Saint-James, reprenait l'habit de courrier, montait à cheval, recevait la lettre particulière de Wanderford et rebroussait chemin vers l'Irlande.

IX

ENTRETIEN.

Patrick et Jessy O'Connor marchaient lentement le long du rivage escarpé. Les flots battaient les rocs avec des retentissements lugubres; la brume rapprochait l'horizon ; l'air était froid, et la jeune fille serrait les plis de sa mante écartée par le vent.

Tous deux se taisaient.

Le regard de Patrick interrogeait sa compagne. Le visage de Jessy restait immobile, et nul ne pouvait lire au fond de sa pensée.

De temps en temps, elle levait vers le ciel sombre des yeux rendus plus brillants par des larmes intérieures ; mais son front ne gardait pas un pli, et sa bouche était calme...

Quand les deux promeneurs furent arrivés à l'extrémité aiguë du cap, Jessy O'Connor toucha légèrement le bras de son compagnon.

« Asseyons-nous ici, » dit-elles.

Et comme Patrick paraissait surpri :

« Vous souvient-il, lui demanda-t-elle, de m'avoir sauvé la vie, un jour, que, dans ma folle bravoure d'enfant, j'étais montée seule, dans une barque de pêcheur, pour faire une promenade en mer ? La tempête me surprit en plein large... On s'inquiétait fort dans le village, car des voisins m'avaient vue partir... Vous reveniez du labour quand on vous apprit que Jessy était exposée à la fureur de l'orage... Vous prîtes votre course, et, arrivé jusqu'à cet endroit, vous interrogeâtes l'Océan du regard... A la côte pas un bateau... Enfin une vieille barque de promenade, faisant eau, et dont les planches tenaient à peine, au moyen de vieilles ferrailles, frappa vos yeux... Sans songer à l'impossibilité de parvenir à me chercher et à me rejoindre, dans une embarcation pareille, vous désengravez la petite barque, vous bouchez ses fentes avec du warech, et, la rame d'une main, l'écope de l'autre, vous vous abandonnez à la Providence.

— Pourquoi rappeler ces souvenirs, Jessy ?

— Ils me sont doux, répondit la jeune fille ; je veux, d'ailleurs, vous prouver que je n'oublie rien.

— Pourvu que vous vous souveniez que je vous aime... »

Jessy reprit :

« — Tandis que vous vous exposiez à une mort certaine pour me sauver ; je luttais, avec courage, contre les progrès de la tempête ; elle s'était soudainement abattue sur la mer comme un oiseau de proie, et ma petite barque tantôt dansait à la cime aiguë d'une vague, tantôt retombait dans un abîme. La manœuvre des rames était presque inutile ; l'unique voile avait disparu, emportée comme un haillon de toile ; je compris qu'il fallait recommander à Dieu une âme qu'il rappelait sans doute... Je suppliai ma mère de venir au devant de sa fille, les yeux de mon cœur embrassèrent tous ceux qui m'étaient chers, et la famille de Finn-Bar retint plus longtemps ma pensée... Ah ! il me semble encore ressentir les terribles horreurs de la minute où j'éprouvai comme un engloutissement de tout mon être. La barque tournoya et je tombai dans l'abîme... La perception nette de ce qui se passa ensuite m'échappe ; je fis des efforts surhumains pour revenir à la surface de l'eau ; je parvins à remonter... Au hasard, mes mains s'étendirent, comme si elles devaient trouver le bord de ma barque. Oh prodige ! je me cramponne à un bateau, et je me sens sauvée. Un moment, je perds le sentiment de l'existence. Quand je revins à moi, je vous vis, Patrick, et un sourire effleura mes lèvres... Je ne me demandai pas comment il se faisait que vous fussiez là, tant il me semblait naturel que le salut m'arrivât par vous... Bientôt je pus vous aider, tandis que vous ramiez, je tenais le gouvernail, et en dépit de la bourrasque, nous prîmes terre heureusement... Toute chancelante et glacée, je gravis l'escalier de roches que nous dominons à cette heure. A peine étais-je arrivée au sommet que vous allumâtes un joyeux feu de bog-pine, et je me réchauffai rapidement.

« Une heure après, appuyée sur votre bras, je regagnais le village, et ce jour là je soupai à la table de Finn-Bar... Vous sembliez heureux, bien heureux, Patrick.....

— Savez-vous pourquoi Jessy ?

— Vous vous disiez : celle que j'ai sauvée sera un jour ma femme.

— Je me le disais, et depuis ce jour là, cette pensée ne me quitte guère ; l'émotion terrible que j'avais éprouvée en vous voyant en danger me révéla quelle place vous teniez dans mon cœur. Jusqu'à ce moment, l'héritière des O'Connor me semblait avoir un droit à mon dévouement et à mon respect ; à partir de cette heure, je me demandai si ma race n'égalait pas la vôtre... A partir de cette heure, je vous aimai...

— Et moi, dit Jessy, je me sentis liée à vous... Était-ce par le sentiment qu'on appelle l'amour? Non, Patrick; mais je reconnaissais que celui qui venait de me sauver avait seul le droit de me défendre. Nous poursuivîmes le cours régulier de notre vie... Mais, peu de mois après, la persécution éclata, vous prîtes les armes, et je trouvai mourante, blessée, couverte de sang comme un pauvre agneau, la petite Meg que j'adoptai.

— Je reconnus là votre cœur, Jessy.

— Peut-être n'eûtes-vous pas lieu de vous applaudir de cet acte, Patrick. Il se passa en moi un mouvement extraordinaire quand cette pauvre créature encore incertaine, souffrante, et fiévreuse, m'appela sa mère... Cette charge d'un enfant à élever, d'une âme à former, me charma et m'effraya... je crus ma vocation fixée, il me sembla que Meggy la résumait. Je me vouai à son enfance avec des élans de tendresse et des résolutions enthousiastes... Vous le savez, d'ailleurs, pour moi, Patrick était un sauveur, un frère chéri, rien de plus... Et puis, avions-nous le loisir de songer à nous, quand l'Irlande incessamment menacée appelait sans cesse au secours... Pendant six années, nous avons passé par toutes les alternatives du doute, de l'espérance et de la terreur. Nos malheurs ne parvenaient pas à nous décourager... L'Irlande, déchue du rang de nation, montait au rang des contrées martyres. Quand l'Angleterre croyait la fouler aux pieds ; elle touchait le ciel de son front couronné de palmes sanglantes... La grandeur du péril rallumait le courage. Vous vous souvenez du souffle de foi embrasée qui circulait dans nos groupes, quand nous assistions du fond de nos grottes de cristal à la messe de l'évêque Colomban ? Vous vous rappelez surtout la nuit mémorable où Finn-Bar, descendant de O'Rourke, fut choisi pour aller exposer au roi nos misères?.. Quand il revint, Patrick, nous nous crûmes tous sauvés ; un cri de liberté jaillit de nos poitrines, et quelques jours après, votre père me demandait si je voulais être votre femme.

— Ma femme, bien-aimée Jessy, et vous donnâtes votre parole à mon père.

— Hélas, Patrick, je ne le fis point sans remords... Non que je ne vous aimasse, mais, parce que Meg, l'orpheline de la pauvre Molly, me troubla l'âme par des paroles de visionnaire et des lamentations d'enfant. Dans l'incohérence de son langage, dans sa colère jalouse, elle me reprochait de songer à mon bonheur et m'accusa de la repousser de ma maison... Elle répétait que mariée je l'abandonnerais et que vous la chasseriez de votre maison... Elle me disait que ma destinée était ailleurs... Que vous dirai-je? Les paroles de cette enfant se trouvaient si peu en rapport avec son âge, elle semblait tellement émue au dedans d'elle, que, sans parvenir à me faire changer de résolution ; elle réussit à me troubler... Si je ne vous eusse aimé, Patrick, Meg m'aurait convaincue...

Patrick pressa avec force la main de la jeune fille.

Jessy reprit d'une voix dans laquelle se faisait jour un sentiment profond :

« Oui, je vous aimais, je vous aime... je vous aime comme une grande âme doit aimer un grand cœur... je n'estime nul homme plus que vous; nul autre ne me donne par sa présence cette sécurité absolue que je ressens près de vous... et je mettrais ma joie à ne songer qu'à votre félicité, si le bonheur du grand nombre ne devait passer avant la joie particulière, si le dévouement et le devoir ne l'emportaient sur l'amour...

— Que voulez-vous dire ? demanda Patrick alarmé.

— Comprenez-moi bien, mon ami, reprit Jessy O'Connor après un moment de silence ; ma vie terrestre est à vous, ma vie céleste appartient à Dieu. Je vous aime de toutes les puissances de mon cœur ; je suis attachée à mon pays par toutes les facultés de mon âme...

— Ne savez-vous pas quel est mon dévouement pour l'Irlande ?

— Je veux vous le demander.

— Elle peut exiger mon sang.

— Quand vous dites cela, songez-vous que vous laisseriez une veuve ?

— Une veuve fière de m'avoir vu finir dignement.

— Celle que Meggy appelle la vierge d'Irlande peut penser ainsi, Patrick ; mais elle ignore ce que penserait l'épouse du fils de Finn-Bar.

— Vous croyez...

— Que nous sommes des créatures humaines faibles dans la chair... Tel lutterait contre des ennemis nombreux qui cède en présence d'une femme en larmes... Puis-je vous dire quelles seraient mes angoisses quand je verrais mon mari prendre les armes... et oserais-je répondre que je ne me jetterais pas à genoux sur le seuil de sa maison, le conjurant de rester, au nom de ses enfants au berceau ?... »

Patrick n'osa répondre.

« Vous avez raison de ne point dire : Ce ne serait pas ! Patrick ! car, je le sens, la femme dominerait en moi l'Irlandaise. Ce que je viens vous proposer, c'est de garder éternelles nos fiançailles d'un jour et de ne plus songer à nos noces...

— Jamais ? demanda Patrick avec désespoir.

— Jamais avant l'affranchissement de l'Irlande ! »

Patrick se leva, il étendit la main avec solennité :

« Je jure, dit-il, de vous garder la foi promise, jusqu'au jour où vous-même me direz : Quand le prêtre bénira-t-il notre union ? »

Jessy était déjà debout à côté de Patrick.

« Et je jure, ajouta-t-elle, de vous donner le titre d'époux dès que nous pourrons goûter les saintes joies de la famille sans les voir briser par la guerre civile. »

Les deux mains étendues des jeunes gens se rencontrèrent.

Tous deux levèrent en même temps les yeux l'un sur l'autre. Patrick put voir rouler une larme dans les yeux de la vierge d'Irlande, et Jessy comprit ce que son fiancé devait souffrir pour avoir le visage couvert d'une telle pâleur..

Ils se rassirent sur la roche.

Jusqu'au soir ils y demeurèrent, échangeant de graves paroles à de longs intervalles.

Les mugissements des vagues montant à l'assaut des falaises, les roulements sonores du galet noir sans cesse emporté et rapporté par les flots, les plaintes de la mer mourant dans des caresses pour se changer en hurlements furieux ; les fracas de tonnerres éclatant dans les cavernes quand l'eau s'y engouffrait ; les chutes des cascades le long des roches aiguës ; tous ces bruits variés, successifs, pleins, mélancoliques ou formidables, convenaient à la disposition d'esprit de Patrick et de Jessy O'Connor. Ils ne quittèrent la pointe aiguë du cap qu'à l'heure où le soleil abandonnait le ciel sombre et noyait sa face rouge dans une mer de brume.

Patrick n'offrit point son bras à Jessy O'Connor; il comprenait les nuances délicates de leur situation présente. Le jeune homme la conduisit jusqu'à la porte de sa maison, puis, au lieu de rentrer chez son père, il retourna vers l'endroit où une heure auparavant il était assis avec elle.

Alors, sans honte, assis sur la roche croulante, enveloppé de ténèbres moins profondes que celles de son cœur, sous le regard de Dieu qui ne pouvait se courroucer de cette faiblesse, Patrick éclata en sanglots.

Il eût refoulé ses larmes devant Finn-Bar; il savait qu'en présence de son père il lui faudrait retrouver son stoïcisme de soldat voué au succès d'une cause plutôt qu'à la joie d'une affection ; à cette heure il était homme, faible, souffrant, il recevait le baptême souverain de la douleur, il épuisait l'étrange amertume qui accompagne certains actes de vertu.

Quand il eut senti mourir une à une ses espérances de bonheur domestique, quand il eut d'un sûr regard interrogé l'avenir de l'Irlande, il baissa la tête et poussa un profond soupir.

La situation du pays devenait de plus en plus difficile.

Stafford venait de quitter le comté de Galway ; par suite de ce code de justice éternelle qui proportionne les châtiments aux crimes, l'ami de Wanderford était déjà condamné par le Ciel.

Charles lui témoigna son mécontentement. Le favori du roi tomba dans la disgrâce ; le lord d'Angleterre s'entendit accuser par les chambres. Il avait versé le sang, on demanda sa tête. Si la punition était terrible, elle n'égalait pas encore le forfait.

Mais ni le rappel de Strafford, ni la bonne volonté de Henriette-Marie, ni les tentatives de Charles qui prétendait importer en Angleterre le gouvernement français, ne devaient terminer la guerre civile et sauver un pays dont le rachat n'était pas encore marqué dans les desseins de la Providence. L'Irlande ne pouvait être sauvée que par Charles Ier ; et Charles Ier était perdu.

Le grand mal fut qu'il ne comprit pas le génie de la nation qu'il était appelé à gouverner.

La France est faite pour se soumettre à l'autorité d'un seul ; l'Angleterre n'existe que par la réunion de plusieurs volontés, sa force vient de ses chambres représentatives.

Quand le peuple français s'imagina, d'après le rêve des vieilles républiques, qu'il pouvait secouer un joug et se passer de la main d'un maître, il eut la tyrannie du nombre. Ceux qu'il appelait à le gouverner en masse, obéissant à cet instinct de domination absolue, se dévorèrent eux-mêmes, jusqu'à ce qu'un seul triumvirat restât debout : Barrère, Saint-Just et Robespierre. La tyrannie de la guillotine faucha ceux-là les derniers ; et quatre années de luttes ne s'écoulèrent pas avant que le pouvoir fût de nouveau confié aux mains d'un seul. Après la chute de l'empire, la Restauration, la révolution de Juillet ; un pouvoir, celui de la chambre des députés, parut prendre un accroissement nouveau ; il céda à son tour. La France veut une autorité unique, et revient sans cesse à ce mode de gouvernement. Comme contrepoids à cette volonté qu'elle accepte, elle a l'égalité de ses habitants, qui s'accorderaient mal de la puissance et de l'organisation de la hiérarchie nobiliaire anglaise.

L'Angleterre accepte le pouvoir royal ; mais elle ne souffre pas qu'il empiète sur le droit des parlements.

Et ce n'est pas, comme on pourrait le croire, du protectorat de Cromwel que date la puissance des chambres. Sous Henri V, au XIIIe siècle, la puissance des assemblées était déjà si grande, qu'au roi menaçant un de ses comtes de passer outre si on lui concédait ce qu'il demandait, le grand Shakespeare fait répondre : « Si tu agis ainsi, nous te retirerons l'impôt. »

Que de fois, lorsque Charles Ier refusait d'obtempérer aux prières de la chambre des communes qui ressemblaient trop à des ordres, la chambre ne lui répondit-elle pas :

« Point de signatures, point de subsides ! »

Strafford, en disgrâce auprès du roi, se trouva aussi en disgrâce auprès de la chambre. Laud et le vice-roi d'Irlande furent en butte à l'animadversion de la populace. Les murailles de la ville de Londres se couvrirent d'insolents placards ; l'émeute gronda aux portes du palais épiscopal.

On arrêta les meneurs, on les condamna à mort ; leurs complices les arrachèrent de la prison, et un seul fut exécuté. Strafford, que l'opposition flétrissait du nom de *grand apostat de la cause du peuple*, était gravement en danger.

Malgré la désapprobation donnée à ses actes, Charles ne pouvait l'abandonner à ses ennemis, et se faisait fort que la haine des opposants serait sans effet.

L'avocat Pyrus accuse Strafford en pleine chambre ; celui-ci l'apprend et court à la chambre des lords pour faire face au danger. Il entend éclater ce conseil pareil à une menace :

« Retirez-vous ! retirez-vous ! »

Il avance encore et se dirige intrépidement vers son siège ; on l'en arrache avec violence, on le force à s'agenouiller, et il entend avec stupeur le grand chancelier prononcer ces paroles :

« En conséquence de l'accusation déposée contre vous à cette barre par la chambre des communes, vous resterez sous la garde de l'huissier de la verge noire, jusqu'à ce que vous vous soyez justifié. »

Peu de jours après l'emprisonnement de Strafford, le vieil archevêque de Cantorbéry était enfermé à la tour de Londres.

Le bill de proscription fut voté par la chambre des communes comme par la chambre des lords, Strafford fut condamné à *subir la peine méritée par la trahison.*

Le roi signa avec regret ; il se souvenait que si Strafford l'avait mal compris dans certains moments, il avait au moins l'excuse d'un dévouement aveugle dénaturé par des idées presbytériennes. L'exécution de Strafford eut un mauvais résultat ; il eût fallu que désavoué dans ses actes, il s'abstînt seulement de se mêler des affaires.

Les chambres en le condamnant prouvèrent qu'elles pouvaient s'attaquer trop haut.

On châtiait Strafford pour humilier le roi.

Ce n'était point la question religieuse qu'on mettait en avant.

Strafford, par cela même qu'il persécutait les catholiques, aurait dû jouir de la faveur des presbytériens.

Charles sentait qu'on blessait la royauté, en votant la mort de l'héritier d'une grande famille il comprit que son pouvoir menacé croulait pierre par pierre ; on mettait successivement tous ses droits en question. Prêt à être englouti lui-même dans l'abîme des factions, il y vit rouler le cadavre déshonoré de Strafford, mais cette proie ne pouvait satisfaire la haine du peuple, le mécontentement des chambres : la révolution était faite...

On pouvait relever pour plus grand que lui l'échafaud de Strafford.

Tous ces événements, tous les incidents de la lutte du roi contre les chambres remuaient l'Irlande et lui faisaient sentir de sourdes convulsions.

Le roi la protégeait, il est vrai ; mais qui protégeait le roi ? on eût dit que comme les sauvages de l'Amérique, l'Irlande avait toujours l'oreille collée contre le sol afin d'entendre les pas de l'armée exterminatrice et la menace des soldats puritains.

Quand Finn-Bar Mac-O'Rourke, au retour de son aventureuse expédition à Londres, rapporta dans le comté de Galway le message du roi, on crut un moment à la cessation de la guerre.

Les fils de Finn-Bar suspendirent de nouveau leurs épées le long des murailles de la cabane, et le vieillard parut reprendre confiance. Mais ce qu'il avait vu au palais de Saint-James ne le rassurait pas. S'il admirait le courage de la reine s'entourant d'hommes dont la catholicité ne pouvait être suspectée, il sentait que la guerre religieuse gardait un foyer incandescent. Le peuple du Connaught, et en particulier les habitants du Galway, se trompèrent et crurent à une paix durable. Mais si pendant quelques mois la liberté leur fut rendue ; si, pour assister aux offices divins, il ne fut plus nécessaire de se cacher comme si l'on commettait un crime, le ferment de discorde n'en subsista pas moins.

Si les soldats se retiraient, les puritains ne cessaient de prêcher et de comparer les catholiques aux peuples maudits objet des colères du Très-Haut. Les chiens de Jézabel attendaient ces impies, ces idolâtres, ces sectateurs de Baal, ces tisons d'enfer, ces Doëg, enfin les Aman et les Amalécites de ce siècle !

Chacun se croyait le droit de parler au public, chacun prétendait trouver le sens des Écritures, et le même verset s'interprétait de vingt manières différentes.

Dans le Galway demeuré sincèrement catholique ces étranges figures de soldats puritains et prédicateurs qui s'appelèrent un peu plus tard du nom de Têtes-Rondes, étaient plus rares que dans les autres parties du Connaught. Mais la présence de Strafford et de son armée laissait pourtant dans le pays quelques-uns de ces prétendus *saints* qui voulaient détruire l'Église et mettre leur opinion théologique au-dessus des décisions des conciles.

Dans la maison de Finn-Bar régnait un calme austère.

L'armistice n'empêchait pas les jeunes gens de se tenir sur leurs gardes.

Le shillelah remplaçait l'épée dans leurs mains robustes, mais ils nettoyaient avec soin les mousquets dont ils s'étaient emparés sur le champ de bataille de Galway.

La chaumière renfermait une véritable artillerie.

Un sentiment de respect et d'admiration saisissait ceux qui pénétraient dans cette demeure.

Ce vieillard aux cheveux blancs, ces douze jeunes gens beaux et braves imposaient.

Deux d'entre eux semblaient porter un poids de tristesse, c'étaient Benjamin et Patrick. L'un ne parvenait pas à oublier Georgina, la blonde fille de lord Egton; l'autre repassait dans son esprit les paroles de Jessy O'Connor.

Il ne murmurait pas; il admirait, mais il souffrait.

Après avoir quitté Jessy à la porte de sa chaumière, puis être retourné à la pointe du cap qu'il abandonna le matin, Patrick en rentrant dans la maison paternelle trouva Finn-Bar debout.

Le rigide vieillard fut profondément ému en constatant l'altération des traits de son fils.

Il l'appela et le fit asseoir près du feu de tourbe.

« Tu as vu Jessy O'Connor? lui demanda-t-il.

— Je l'ai vue... répondit Patrick avec accablement.

— Et tes projets de mariage?

— Il n'y aura ni noces ni bonheur pour moi avant la pacification de l'Irlande.

— Jessy O'Connor est digne de sa race, murmura le vieillard...

— Vous l'approuvez, mon père ! s'écria douloureusement le jeune homme.

— Et toi ?

— Moi je la vénère !

— Voilà tout ?

— Et je la plains.

— Alors tu ne la comprends pas...

— Je l'avoue, mon père ! Femme, elle n'agit pas en femme.

— Et pourquoi lui interdirais-tu de se conduire en héroïne ?

— Je ne lui croyais pas d'orgueil.

— Il n'en faut pas pour se dévouer...

— Son dévouement me tuera, père...

— Mon fils, dit Finn-Bar d'une voix lente et pleine de compassion, la douleur t'égare... Judith n'aima-t-elle pas son jeune mari ? la Bible affirme qu'elle en portait le deuil religieusement. Elle se para pourtant et se sacrifia quand elle partit pour le camp d'Holopherne ? Esther était jeune, belle, reine ; elle risquait son sceptre et sa vie quand elle s'offrit pour le salut de son peuple. Elle aimait Assuérus et risquait sa tendresse par cette démarche. Dans l'histoire de tous les peuples, les héroïnes ont suivi une voie que la foule ne pouvait comprendre... Lorsque tu m'as prié de demander pour toi Jessy en mariage, pouvais-je te refuser? Il me semblait pourtant que là n'était point sa destinée et je ne me représentais jamais la fille de O'Connor gouvernant un ménage ; non que je ne trouve grande et sainte la mission de l'épouse et de la mère, mais parce qu'il faut que la femme ait alors l'esprit libre de préoccupations étrangères. Et puis, ce n'est pas à l'heure où la guerre est en éveil qu'on songe à des berceaux... qui sait combien il faudra creuser de tombes...

— Vous ne croyez pas à la paix, mon père?
— Non, Patrick.
— Et vous voulez que tous vos fils soient prêts à vous suivre?
— Oui.
— Ils l'eussent fait quoique heureux.
— Alors ils auraient eu d'autres devoirs.
— Encore, fit Patrick, si j'étais seul à souffrir!
— Ben? demanda le vieillard.
— Oui, Ben...
— Et la fille de lord Egton l'aime-t-elle, Patrick?
— Il le croit!
— Fasse le Ciel alors que jamais le père de Georgina ne prenne les armes contre Charles Stuart!

— Vous rendriez la fille responsable de la faute du père.

— A Dieu ne plaise, Patrick ! je ne suis point injuste ; mais Benjamin n'épouserait jamais la fille d'un traître ou d'un régicide.

— Quel mot avez-vous prononcé, mon père ?

— Un mot terrible, Patrick ; mais les événements suivent une marche effrayante, et il faut tout prévoir... la rébellion mène à l'assassinat... d'autant plus vite que le crime de l'ambition ou de la haine personnelle se couvre alors de ce semblant de légitimité : la raison d'État ! Avec cette parole coupante comme la hache, l'on défait les monarchies et l'on renverse les débris de l'autel sur les vestiges du trône. Vous comprenez maintenant pourquoi, loin de m'affliger en voyant retardée votre union avec Jessy, je regarde la décision de cette jeune fille comme une faveur de la Providence. Après ce qui s'est passé par deux fois entre Charles I*er* et moi, je suis engagé envers le roi d'une façon formelle. Il est le dernier rempart de la catholicité d'Angleterre, le seul bouclier qui garde les Irlandais du massacre. La majesté méconnue, nous sommes perdus. Nous battre pour le roi, c'est nous enrôler sous le drapeau catholique. Chaque sacrifice fait par lui pour notre cause lui sera compté cher par la chambre des communes. S'il hasarde tout pour nous, que ferons-nous pour lui ? Le jour où le parlement attentera aux droits derniers du souverain, nous pouvons creuser nos fosses et faire notre suprême prière ! Je vous dis tout ceci, Patrick, pour relever votre esprit et vous prouver que vous devez remercier Dieu d'avoir tourné vers les hautes pensées religieuses et les grandes vues politiques l'esprit de cette jeune fille. Soyez prêt à toute heure, mon fils. Le volcan gronde et bientôt vous en verrez les flammes.

— Mais, mon père, tout semble tranquille !

—Patrick, la réforme ne nous pardonnera pas !

— Comptez sur moi pour mourir.

— Pour combattre... Et Dieu sait encore par quelles armes ! quand Charles Ier sera menacé, je ne vous enrôlerai peut-être point avec ses amis... Vous et vos frères formerez sa dernière milice et sa garde de salut, et la preuve du plus grand courage et du dévouement le plus sublime ne sera point alors de frapper de l'épée ou de charger le mousquet, mais bien de cacher sa route, ses projets, d'agir dans l'ombre, courant le risque de périr d'une façon obscure sans que l'histoire garde votre nom... Les actes de valeur au grand jour sont moins rares que les humbles héroïsmes. Allons, mon fils, courage ! si l'heure de la prière sonne tard ce soir pour nous deux, qu'elle soit plus fervente encore. »

Finn-Bar s'agenouilla sur le sol et s'entretint longtemps en silence avec Dieu.

Quand il se releva, le vieillard attira le jeune homme sur sa poitrine, l'y pressa avec une tendresse profonde et le quitta sans ajouter un seul mot.

X

LA FILLE DE O'CONNOR.

A partir du jour où elle eut avec Patrick la conversation que nous avons rapportée, Jessy regarda comme finie sa vie de jeune fille et comme morte sa liberté. Elle cacha soigneusement la blessure qu'elle gardait au cœur ; elle fit de son amour pour Patrick non plus un sentiment mêlé d'espérance et de chastes joies, mais une source de douleurs mystérieuses qui avivèrent encore l'exaltation de son dévouement et de sa passion pour sa patrie.

Chaque pays, chaque royaume, souvent chaque province a son héroïne dont l'influence est loin d'être passagère. Le respect éprouvé pour la femme s'augmente de l'admiration inspirée par ses vertus.

On aimait Jessy O'Connor pendant son enfance pour ses malheurs et le courage avec lequel elle les supportait. Plus tard on éprouva pour elle une vénération due à la puissance mystérieuse des traditions de sa famille : on prit l'habitude de la regarder comme la consolatrice de toutes les heures et la prophétesse exaltée de la patrie.

Quand on pleurait dans une chaumière, la porte s'ouvrait, et sur le seuil apparaissait la jeune fille enveloppée de sa mante rouge, le front calme, le regard rempli de pitié.

Elle voyait une mère malade couchée dans l'unique chambre de la chaumière. Les enfants glacés par le froid se pressaient dans un angle, enlacés, soufflant sur leurs doigts rouges. Le père assis sur un siége restait sous le poids d'un désespoir morne. Il n'y avait pas de pain dans la chaumière, et pas de travail dans les champs ; ce que la guerre respectait ne suffisait pas pour nourrir le peuple ; et en Irlande, quand vient le temps de la famine, il faut souffrir la faim pendant plus de trois mois.

Jessy s'approchait de la couche de la malade, pauvre couche formée de varech recueilli au bord de la mer. Elle parlait doucement sans nier la douleur, sans conseiller une patience stoïque ;

elle comptait ses maux avec elle, repassait la suite de ses années de misère, et s'arrêtant sur les années enfuies :

« Hélas ! disait Jessy, vous êtes une créature éprouvée entre toutes. La maladie torture vos membres et l'inquiétude ronge votre esprit... Ce n'est pas d'hier, Molly ! et cela durera peut-être encore demain... Si je pouvais prendre votre fardeau et le charger sur mes épaules, je le ferais avec joie, mais le Seigneur distribue ses dons comme il lui plaît, et la douleur est un don de sa main paternelle... Quand on nous a dit ces choses pour la première fois, nous nous sommes révoltés, comme si la révolte apaisait notre mal et soulageait notre angoisse ; maintenant nous comprenons mieux l'Évangile, et nous savons que le jour viendra de l'exaltation des petits, Molly !

Molly ! Jésus connut la faim et le froid comme vos petits anges, et Jésus les reconnaîtra, un jour, à leur innocence comme à leur pauvreté. Regardez la croix du Sauveur et attendez le salut. Ce salut viendra, n'en doutez point. Il arrivera pour tous par la liberté de l'Irlande, pour chacun dans l'accomplissement des paroles du Christ ! »

Pendant que Jessy pressait dans ses mains les

mains fiévreuses de la malade, et lui adressait les consolations d'en haut, la jeune mère se reprenait à espérer. Alors Jessy pressait les enfants dans ses bras, peignait leurs cheveux blonds, lavait leur visage, jouait avec eux jusqu'à ce que le sourire effleurât leurs lèvres pâlies; puis elle rallumait le feu dans l'âtre, suspendait la marmite aux crocs d'une crémaillère de fer, préparait les légumes, pétrissait le pain d'avoine, et ne quittait les pauvres gens qu'à l'heure où rassasiés, consolés, à moitié guéris, ils se reprenaient à chérir la vie.

Depuis qu'elle ne songeait plus à son bonheur personnel et que toute pensée de fiançailles était loin, Jessy O'Connor avait grandi à ses propres yeux. Le sentiment de sa dignité, les nobles souffrances d'un isolement accepté et voulu gravèrent sur son front de mystérieux caractères. La jeune fille, sans perdre sa simplicité, se revêtit d'une sorte de sacerdoce. Son esprit s'exalta, le feu sacré des prophétesses emplit ce sein vierge. Jessy donna réellement la mesure d'elle-même. La persécution sévissait avec trop de force pour que l'enseignement religieux se répandît d'une façon régulière. Les enfants se trouvaient privés d'instruction. La parole des prêtres et de l'évêque Colomban fortiflait les hommes et les femmes, mais la manne nourricière de la parole ne tombait point dans le cœur des petits. On ne pouvait, au milieu de dangers de toute sorte, mener et porter aux réunions des grottes les chétives créatures. La route était longue, difficile. A chaque détour de chemin pouvait se dresser un covenantaire. Il n'était point rare qu'un coup de mousquet abattît dans les marais un pauvre homme revenant de l'office, ou qu'une décharge mieux nourrie blessât les catholiques le long des falaises. Jessy rassembla autour d'elle les jeunes filles et les enfants. Elle les instruisit de ce qu'ils devaient à Dieu, à l'Irlande et au roi Charles ; elle formait une génération de femmes dévouées, héroïques et saintes, dans un milieu pauvre et obscur.

Meg grandissait, Meg la plus chère de ses filles et de ses élèves, Jessy se sentait d'autant plus attachée à l'orpheline qu'elle lui avait sacrifié davantage.

Pour tenir sa promesse d'abnégation à l'enfant, elle trouvait le courage de briser son cœur et celui de Patrick. Aussi Meg absorbait une tendresse exaltée, profonde. Jessy s'efforçait de faire passer dans son âme ses convictions ardentes et son enthousiasme ; elle lui montrait dans l'avenir l'Irlande sauvée, au prix de milliers de vies. Meg, déjà trop disposée à l'amour du surnaturel, possédée par cette rêveuse poésie du Nord qui se retrouve dans les moindres détails de la vie, s'abandonnait à la direction de Jessy avec une aveugle confiance. Jessy sacrifiait son amour à Meg ; Meg n'eût point hésité à faire à Jessy le don entier de sa vie. La double vue de l'enfant se développait d'une façon maladive : ses rêves prenaient parfois l'importance d'un drame. Il lui arrivait de s'éveiller pendant la nuit, ou plutôt de passer d'un sommeil profond à un sommeil léger, et alors elle s'asseyait sur son lit, et parlait d'une façon étrange.

Jessy l'écoutait surprise, effrayée. Mais le lendemain, si elle voulait ramener l'entretien sur les visions évanouies, Meg ne se souvenait de rien et ne comprenait pas ce que Jessy voulait lui dire.

Ainsi, une nuit, Meggy poussa une plainte déchirante qui arracha brusquement Jessy à son assoupissement.

La descendante de O'Connor demanda à Meg si elle souffrait ; Meg ne répondit pas et continua de se lamenter. Peu à peu sa plainte s'éleva, les mots sacrés des prophéties s'y mêlèrent ; le psaume magnifique et désolé des captifs de Babylone se confondit avec sa propre tristesse.

« Oui, disait Meg, nous voilà captives, captives enchaînées sur les rives étrangères...

Nous avons suspendu la harpe d'Irlande non pas aux saules du rivage, mais au tronc rugueux des cocotiers dont l'ombre flotte sur la mer.

Sous les fouets du maître il faut travailler et marcher; sous l'œil du maître nous nous efforçons de cacher nos larmes.

Le ciel est bleu, limpide est la mer; bleues sont les ailes de l'oiseau ! le soleil échauffe et rayonne, mais nous regrettons les brouillards, Erin la verte, Erin l'île d'émeraude !

Une troupe de démons nous entoure ; ce sont les fils de Caïn adorateurs de fétiches. L'Angleterre nous bannit pour nous punir de demeurer fidèles au Christ ; les sauvages nous raillent et insultent l'image du Sauveur.

Vierges d'Irlande ! vierges d'Irlande ! qui dira votre martyre dans ces régions du soleil et de la mort !

Les arbres qui croissent dans la campagne ne sont point ceux dont l'ombrage embellit vos cabanes, les fleurs éclatantes de ces jardins vous font regretter le trèfle de saint Patrick, et vous appelez les âpres brises de l'Irlande en respirant cet air parfumé.

Lourdes sont les chaines pour nos bras ! cruels sont nos souvenirs ! amère est notre destinée !

Exil ! exil ! qui dira tes tortures sans nom ! heureuse les filles irlandaises qui tombèrent sous le sabre et le mousquet de l'Anglais ; la mante rouge leur servit de linceul, et le bog-pine croît sur leur tombe. »

Meg, en achevant ces mots, fondit en larmes.

Jessy quitta son lit, courut à l'enfant, la prit dans ses bras, l'appelant des noms les plus tendres. Meg revint à elle et s'étonna de voir Jessy inquiète et troublée.

« Ne te souviens-tu pas des paroles qui sont sorties de tes lèvres ? demanda Jessy.

— Non, répondit Meg.

— Jamais, jamais je ne les oublierai ! s'écria Jessy, car au moment où tu les prononças un esprit divin ouvrait tes lèvres. Meggy, ma chérie, de grandes douleurs nous sont réservées ; fasse Dieu que nous les subissions ensemble ! »

Jessy en se séparant de Meg écrivit les stances qu'elle venait d'entendre, et les enferma dans une cassette.

La famille de Finn-Bar se trouva souvent divisée. Le père retourna à Londres ; les fils s'employèrent mystérieusement pour la levée des troupes irlandaises.

Investis de la confiance du roi, ils se rendaient dans les châteaux des lords demeurés fidèles à Charles Stuart, recevaient les promesses des chefs de clans, leurs secours d'hommes et d'argent, et travaillaient à l'organisation de cette armée chevaleresque des *cavaliers* qui entoura d'honneur, de poésie et d'enthousiasme la fin du règne d'un roi martyr.

Une incroyable ardeur se manifestait parmi les derniers soutiens du trône et de l'autel. Les fureurs des presbytériens, fureurs dont les représailles des catholiques d'Irlande ne sauraient donner la mesure, poussaient au désespoir tous les cœurs qui battaient encore pour la cause sainte. Le peuple sentait qu'en protégeant les Stuarts il se défendait lui-même.

Les femmes ne demeuraient pas inactives dans cette lutte terrible, acharnée, mortelle.

Henriette-Marie donnait l'exemple d'une énergie virile. Soutenue par ce noble exemple, Georgina s'oubliait elle-même pour songer à la famille de la reine. Deux fois elle fit le voyage d'Irlande, et courut au château d'Egton afin de se concerter avec Finn-Bar, de lui remettre les pouvoirs du roi et de recevoir les promesses des lords.

Jessy ne la quittait point. L'admiration inspirée par la fille de O'Connor grandissait l'influence de Georgina.

Les derniers battements du cœur de la noble Irlande se faisaient sentir en dépit des blessures dont l'Angleterre lui meurtrissait le sein.

Les fils de Finn-Bar O'Rourke formaient l'escorte de Georgina quand elle se trouvait forcée d'entreprendre une course lointaine. Ben comptait alors quelques heures de joie rapides, presque amères. Il revoyait Lady Georgina, plus belle que jamais; il sentait que le sentiment qui les liait l'un à l'autre n'avait rien perdu de sa force, et cependant il n'espérait rien.

Jessy comprenait vaguement la douleur intime de ces jeunes gens également beaux et dignes l'un de l'autre. Elle ne trouvait point dans la différence de leur fortune présente le motif d'une séparation inévitable, mais elle appréciait trop le caractère de lord Egton pour ne point savoir que sa fille deviendrait la victime de son ambition.

Souvent Georgina fut sur le point d'ouvrir son cœur à Jessy; la pudeur l'arrêtait. Son secret l'étouffait et elle n'osait le dire. De son côté Ben eût voulu implorer Jessy, lui demander conseil, la mettre dans ses intérêts ;

mais quel espoir avait-il que Jessy O'Connor qui sacrifiait son amour pour Patrick à sa sainte passion pour l'Irlande, eût la condescendance de s'occuper du pauvre Ben ? Et cependant Ben et Georgina s'aimaient et souffraient l'un pour l'autre...

Une lettre de lord Egton força les deux jeunes gens à se parler avec franchise.

Henry Egton était, l'avons-nous dit, un être personnel subordonnant toute chose à son intérêt privé ; il se demandait en toute circonstance : « Que gagnerai-je ? » Il croyait posséder seulement la logique des faits. Et pour être vrai, la logique le guidait souvent. Mais cette logique inflexible est l'ennemie née des déraisons sublimes, des entraînements spontanés, des dévouements généreux. Avec de l'esprit de conduite et de la logique on mènera peut-être parfaitement bien sa propre vie, mais on ne fera rien pour le bonheur d'autrui.

Les sentiments personnels d'Henry Egton le portaient à soutenir la cause du roi. Charles méritait l'estime par ses vertus privées ; il luttait courageusement contre les chambres, et si son caractère trahissait quelques faiblesses, on pouvait sinon l'absoudre, du moins l'excuser en raison des passions multiples qui agissaient sur lui.

Charles soutenait non-seulement les prérogatives de la royauté, mais la sainteté des droits de la famille.

On le torturait avec la tombe de son père, avec son amour pour la reine, son affection pour ses amis.

Tremblant moins pour lui que pour eux, il faisait des concessions dans le but d'adoucir l'humeur de ses adversaires. Loin de les désarmer, sa condescendance augmentait leur arrogance.

Le roi perdait inutilement de son prestige.

En même temps la catholicité, faisant en quelque sorte partie intégrante de la royauté par Henriette, se trouvait exposée aux mêmes persécutions que les prérogatives du trône.

La haine des protestants contre les papistes se manifestait sous toutes les formes : au parlement, pendant les séances des chambres, dans la rue.

Les covenantaires croyaient accomplir un acte méritoire en persécutant, incarcérant et torturant les catholiques.

Les prédications furibondes des *saints*, des *zélés*, les attaques armées des Têtes-Rondes se renouvelaient sans trêve. On traquait les catholiques comme des bêtes fauves, la sûreté de la reine elle-même était compromise.

Egton, protestant tiède, affecta bientôt un zèle apparent. Il ne se contenta pas d'assister aux offices, il afficha un profond mépris pour l'Église anglicane, et s'enrôla parmi les presbytériens exaltés. Le père de Georgina s'effrayait de l'avenir. Il sentait que le protestantisme lui-même ne suffirait bientôt pas et que l'exagération puritaine des nouveaux sectaires l'emporterait. Il réunit des amis, conquit des sympathies. Le parti des zélés fonda sur lui des espérances.

Cependant un point demeurait obscur dans sa vie. Ce *saint* ne parlait jamais des croyances de sa fille. Lady Georgina ne quittait point la reine, et la reine était catholique.

Si lord Egton se sentait possédé d'un zèle ardent pour le bien de l'Église réformée, la première conversion à opérer ne devait-elle point être celle de son héritière ?

Nul en Angleterre n'avait connu lady Egton ; on savait seulement qu'elle était Irlandaise ; or quelle Irlandaise ne se fait gloire d'être catholique ?

Si lord Egton permettait à Georgina de suivre le culte de sa mère, il abusait de la confiance des covenantaires et trahissait les intérêts de sa foi.

On se répétait ces appréciations à voix basse ; on se communiquait les doutes conçus, mais nul n'osait aborder cette question en face, car lord Egton, le courtois gentilhomme, n'avait rien d'encourageant quand il s'agissait de pareille confidence.

L'occasion vint d'elle-même.

Lord Morton s'éprit de Georgina.

Avant de parler à la jeune fille, il souhaita obtenir l'assentiment du père. Egton répondit d'abord d'une façon évasive et ajourna sa décision.

Morton rappelé dans ses terres se contenta d'une vague promesse renouvelée dans quelques lettres échangées entre le père et le prétendant.

Morton déplaisait à Egton ; celui-ci n'insista donc nullement pour obtenir le consentement de Georgina. La jeune fille partit pour le comté de Galway, et quand Morton revint à Londres il apprit que lady Georgina, tout en se regardant comme fort honorée de sa recherche, déclinait toute prétention à devenir sa femme.

Morton pria, supplia Egton d'employer son autorité pour obtenir le consentement de Georgina. Egton répondit que sa fille était libre de son choix.

« En a-t-elle fait un ? demanda Morton.

— Pas encore, répondit Egton.

— Malheur à elle s'il en était autrement !

— Et pourquoi malheur ? répliqua Egton.

— Parce que ce choix ne pourrait être qu'indigne.

— Indigne ! songez-vous que Georgina est une Egton ?

— Je sais qu'elle est fille d'une Irlandaise.

— Et vous en concluez...

— Que Georgina veut un catholique pour époux.

— Non ! dit Egton, ma fille sait trop bien...

— Que sait-elle ? Vous êtes presbytérien, soit, mais vous la laissez agir comme il lui plaît. Elle ne quitte point la reine Henriette; le papisme gangrène son âme ; et, songez-y : — avec Dieu ou contre Dieu ? avec ou contre le covenant ! — plus d'une fois vous avez parlé de votre dévouement aux chambres, au parlement, à la réforme, où sont vos gages ? que sacrifiez-vous à l'Église et au droit ? Vous gardez vos titres, votre fortune, votre liberté, votre fille ! cependant les temps approchent où nous ne voudrons dans nos rangs que des hommes éprouvés par le fer, le sang et le feu. Vos paroles se perdront dans l'air, comme un son vain, on recherchera vos actes. Alors le nom de Georgina sera prononcé, et Georgina, convaincue de papisme, vous entraînera dans sa perte.

— Eh bien! fit lord Egton, admettez qu'en effet Georgina, fille d'une Irlandaise, soit restée de la communion de sa mère ; qu'y puis-je ?

— Vous la ramènerez aux bons principes.

— Elle ne trahira point sa religion.

— Il suffira d'abord qu'elle n'affecte plus un attachement obstiné à ses anciennes pratiques. D'ailleurs, lady Georgina devenue ma femme ne serait pas même suspectée.

— Je réfléchirai, dit Henry Egton.

— Un mois vous suffit-il ?

— Amplement.

La conversation s'interrompit ; mais Egton vit partir Morton avec la conviction que dans un mois Georgina ne consentirait pas plus que ce jour même à devenir la compagne du covenantaire.

A mesure que le terme fixé approchait, une certaine frayeur s'emparait cependant du père de Georgina.

Il écrivit à sa fille et lui reparla de ce projet de mariage. Georgina le repoussa de nouveau.

Au bout d'un mois Walter Morton reçut un refus de lord Egton.

— Souvenez-vous de cette parole, dit Morton :

ou lady Georgina sera ma femme ou elle payera cher le mépris qu'elle fait de moi.

A partir de ce jour Egton s'aperçut qu'il inspirait une sourde méfiance. On affectait de lui demander sans fin des professions de foi nouvelles ; on le chargeait pour le roi d'ambassades qui le blessaient comme sujet respectueux. On le plaçait sans fin entre son intérêt et ses instincts. Il sentit la suspicion. Plus d'une fois on raconta en sa présence le châtiment terrible infligé à des jeunes filles convaincues de catholicité. On l'effraya pour Georgina et pour lui, à tel point qu'il enjoignit à sa fille de le venir rejoindre, et l'engagea à se préparer à devenir la femme de Morton.

Georgina tenait la lettre de son père ouverte sur ses genoux quand Jessy O'Connor arriva au Château.

— Lis, dit la fille de lord Egton.

Jessy parcourant la lettre :

— Que faire? mon Dieu ! que faire? demanda Georgina. Ai-je le droit d'exposer la vie de mon père ? puis-je me fiancer à un homme que je connais à peine, que je ne saurais aimer...?

— Il n'est pas de ta religion, dit Jessy, mais si tu l'y amenais...

— Lui ! ne vois-tu pas qu'il nous perdrait

moi et mon père plutôt que de céder en un seul point ?... Et puis, fût-il catholique, ô ma chère Jessy ! je n'épouserai jamais qu'un fils de ma pauvre Irlande, ou comme toi je garderai au fond de mon âme un feu sacré que nul n'avivera.

— Voilà ta résolution, Georgina, mais ton secret ?

— Mon secret ? ai-je donc un secret ? s'écria lady Egton.

— Tu en as un ! Il y a un secret sous ces branches de houx cueillies par Ben ; un secret dans ta tristesse, un même secret dans les douleurs du frère de Patrick.

Georgina ne nia plus, elle se jeta dans les bras de Jessy.

— Souffrons ensemble, dit la fille de O'Connor, notre cause est grande et sainte ! Ben n'osera jamais dévoiler complétement son cœur, et tu n'auras point à rougir devant lui. Mais tu partiras, Georgy, tu quitteras Egton, et tu ne fourniras au moins aucune preuve à l'appui des doutes de Walter Morton. Ne deviens pas sa femme, puisque tu ne saurais l'aimer ; mais jure-toi de mourir plutôt que de laisser deviner à Ben le sentiment qu'il t'inspire. Je sais qu'il t'aime d'un ardent amour,

amour sans espoir, capable de lui faire entreprendre les plus généreuses folies. S'il se savait aimé, il perdrait la moitié de sa force. Quand l'Irlande aura triomphé, alors seulement il aura le droit de se souvenir qu'il a un cœur. Dieu, qui est bon et juste, ne permettra pas que nos meilleurs et nos plus purs sentiments nous deviennent des causes de malheurs irréparables. Oublie que tu as un jour songé à ta propre félicité, dévoue-toi pour la reine Henriette, deviens son amie et sa sœur. Jusqu'à ce moment tu n'as pu lui prouver ton affection que par des paroles ; le danger grandira pour Mme Henriette-Marie, affronte-le, et songe que moi aussi je te viendrai en aide.

— Je me montrerai digne de ton affection, dit Georgy.

Le lendemain lady Egton quittait le comté de Galway.

Une double persécution commença contre elle.

Morton renouvela sa demande, sans tenir aucun compte des refus précédents. Egton pressa Georgina de consentir à cette union ; la peur le gagnait ; il tremblait de voir ruiner l'édifice de sa fortune. Quand Morton eut prié, il menaça; Georgina reçut des lettres terribles dans lesquelles on lui répétait que lord Egton payerait son obstination de sa vie. Morton souffla contre la reine et sa maison une irritation qui grandit jusqu'à devenir de la haine.

On ne respecta aucune des tendresses du roi. On le somma en quelque sorte de chasser les chapelains d'Henriette-Marie, et de fermer les portes de la chapelle catholique de la reine. Celle-ci brisée de douleur, humiliée, tout en larmes, se plaignit amèrement de l'avilissement de la royauté. Elle demanda protection et justice. Protection! le roi n'avait pas besoin qu'on l'encourageât à soutenir les droits de sa femme. Tout ce qu'on tentait contre elle l'atteignait au cœur. Il ne ressentait si vivement les difficultés de sa situation que pour l'amour de cette princesse à laquelle l'histoire rend pleinement justice. Les dernières énergies qu'il déploya furent pour triompher de ceux qui voulaient froisser la reine dans ses convictions religieuses.

Pendant que Charles I*er* luttait contre le parlement, contre ses prétendus amis, contre ses ennemis publics, Henriette-Marie pleurait dans l'intérieur de ses appartements de Saint-James, et pressait avec effroi ses jeunes enfants, dans ses bras :

« Que deviendront-ils ? mon Dieu ! demandait-elle.

— Vous les emmènerez, Madame, répondait Georgina, vous les conduirez en France, et nul n'osera s'attaquer aux petits-fils d'Henri IV.

— Tu me conseilles la fuite, Georgy?

— Je conseille la prudence à Votre Majesté.

— Et qui me suivrait ? qui serait avec moi pour me parler de ceux que je laisserais ici ?

— Moi, dit Georgina Egton, moi qui donnerais ma vie pour vous. Les malheurs de l'Angleterre ne seront pas éternels, et quand ils finiront...

En ce moment un page entra et présenta à genoux quelques papiers à la reine.

Henriette-Marie les parcourut, puis se levant rouge d'indignation et de fierté :

« Lis, Georgina, dit-elle, lis ! et vois jusqu'où ose aller l'audace de l'Angleterre à l'égard d'une royale fille de France ! »

Puis, avec un geste presque sauvage de tendresse, la reine attira ses enfants sur sa poitrine.

« Tout pour vous ! dit-elle, tout pour vous ! »

XI

LE PRIVILÉGE.

Les nouvelles contenues dans les papiers remis à la reine étaient bien faites pour exciter à la fois sa colère et sa terreur.

On l'informait de l'incarcération de son confesseur à la Tour de Londres et de la suppression de sa chapelle particulière.

En même temps elle apprenait la dénonciation faite à la Chambre Haute par la Chambre des communes, au sujet de soixante lords et gentilshommes *papistes,* dangereux pour la *sûreté de l'État,* et qu'on devait emprisonner immédiatement.

Une longue liste de prêtres catholiques condamnés à la décapitation était jointe à ces pièces.

Un pamphlet ignoble incriminant la vie d'Henriette-Marie avait été glissé au milieu des pièces de procédure. Des menaces atroces, des accusations odieuses, des injures immondes se succédaient à chaque ligne.

La reine frissonnait de honte et de pudeur en parcourant ces pages abominables qu'aucun fanatisme ne pouvait excuser. Henriette voyait clairement non-seulement quelle haine lui portait une nation pleine encore du souvenir d'Élisabeth, et fanatisée par les Têtes-Rondes ; mais encore elle sentait que cette haine s'étendait jusque sur Charles Ier et ses enfants.

On menaçait de mort Henriette-Marie, elle se savait forte contre la douleur et ne tremblait pas pour elle ; mais on lui faisait comprendre que sa présence devenait intolérable, et que Charles se perdrait en la défendant.

Et ses enfants ! à cette pensée elle s'éveillait terrible à son tour. En face d'une lutte dans laquelle s'il ne se fût agi que de la perte d'une couronne, Henriette aurait pu faiblir ; mais on s'attaquait à ses enfants, on frappait autour d'elle les évêques et les prêtres de sa communion, elle se redressait alors dans toute sa dignité de femme, de mère, de reine et de chrétienne.

Au moment où la petite-fille d'Henri IV serrait ses fils sur sa poitrine avec un élan plein d'effroi, Charles Ier parut.

Il était fort pâle.

Comme Henriette, il tenait à la main des papiers froissés.

La reine poussa doucement le prince de Galles et le duc d'York dans les bras de Georgina, en lui disant :

« Emmenez-les. »

Charles suivit ses enfants d'un long regard.

Quand les deux époux se trouvèrent seuls, Charles tendit la main à Henriette.

« Je ne croyais pas l'heure aussi proche, dit-il, mais je suis prêt.

— Qu'allez-vous faire ? demanda la reine.

— Vous le demandez ? on insulte ma femme, et moi, le roi ! je ne me lèverais pas pour la défendre ! on menace la vie d'Henriette de France, et Charles ne se placerait pas devant elle pour lui servir de bouclier ?

— Mon Dieu ! mon Dieu ! s'écria la jeune femme, jusqu'à ce moment on s'était borné à calomnier les reines...

— Vous oubliez l'échafaud de Marie... elle était une Stuart.

— Charles ! Charles ! dit Henriette en jetant ses bras autour du cou de son époux, n'expose pas ta vie ! Si la révolution l'emporte, si le démon qu'on appelle Cromwel et dont les vues commencent à se démasquer devient trop puissant, si les cavaliers ne peuvent tenir contre les troupes ennemies, fuyons, quittons l'Angleterre réfugions-nous en Irlande, cette Irlande qui reste catholique et royaliste, ou partons pour la France où Charles recevra un accueil digne de lui...

— L'épouse et la mère donnent ce conseil, Henriette; la reine le condamne. J'ai reçu de mon père une couronne, je la transmettrai à mon fils. »

Henriette-Marie baissa la tête sur l'épaule de Charles.

« D'ailleurs, reprit le roi, je ne regarde point encore la partie comme perdue. L'insolence des chambres grandit, il est vrai, mais l'autorité royale conserve son prestige. Le parlement compte des membres véreux; le presbytérianisme l'a envahi et gangrené. Eh bien! une démarche inattendue, un acte de répression violente, un châtiment exemplaire, peuvent ramener l'ordre au sein des chambres et du parlement; cet acte aura reçu son exécution avant une heure.

— Qu'avez-vous ordonné? demanda Henriette.

— Aujourd'hui même, mon attorney général accusera de haute trahison devant la chambre des Pairs lord Kimbolton, Hallis, Haslevig, Pym, Hampden et Strood.

— Et vous pensez que la chambre...

— Rendra justice à son roi outragé ! oui, Henriette. Si elle refusait, ce ne sont point les armes que les communes ont fait porter dans la salle des délibérations qui sauveraient des sujets rebelles. Lord Digby répond d'une troupe de cavaliers prêts au dévouement comme au martyre. Whitehall est rempli d'hommes dévoués à notre cause, et demain nous l'aurons enfin définitivement emporté sur la révolte.

— Dieu le veuille ! murmura la reine; mais vous savez comme moi que la chambre a enjoint au lord maire, aux shérifs et au conseil commun de tenir sur pied les milices de Londres, et de placer des gardes nombreuses sur divers points de la cité. »

Charles trouva dans sa confiance et dans son affection plus de raisons qu'il n'en fallait pour convaincre Henriette-Marie. Elle souhaitait ardemment que le roi eût raison; elle appelait le succès de tous les vœux, de toutes les impatiences, de toutes les hâtes de son esprit et de son cœur.

Le roi et la reine passèrent ensemble les heures pendant lesquelles commençait entre la chambre et le roi une lutte qui satisferait à peine le noble sang des Stuart.

D'après l'ordre qu'il en avait reçu, Edouard Herbert, procureur général de la couronne, se rendit à la Chambre Haute.

Il entra hardiment et lut au milieu d'un silence glacial, un acte d'accusation mentionnant que lord Kimbolton, et cinq membres de la commune, Pym, Hampden, Strood, Hallis et Haslevig étaient convaincus du crime de haute trahison, pour avoir tenté :

1° De détruire les lois fondamentales du royaume et de ravir au roi son pouvoir légal ;

2° D'aliéner le peuple du roi par d'odieuses calomnies ;

3° De soulever l'armée contre le roi ;

4° D'engager une puissance étrangère, l'Ecosse, à envahir le royaume ;

5° D'anéantir les droits de l'existence même des parlements ;

6° D'exciter contre le roi et le Parlement des réunions séditieuses, afin de réussir, par la violence, dans leurs criminels desseins ;

7° De provoquer la guerre contre le roi.

Sir Edouard Herbert conclut en requérant la

formation d'un comité chargé d'examiner l'accusation, et pria la chambre de s'assurer de la personne des accusés.

Les lords demeurèrent immobiles.

Nul d'entre eux n'osait rompre le silence.

Ils s'irritaient de l'énergie de Charles Stuart, et se demandaient ce qu'ils oseraient répondre sans prouver immédiatement qu'ils se révoltaient contre l'autorité légitime.

Le regard de sir Édouard rencontra des fronts soucieux, surprit des éclairs de haine dans les yeux, et sur les lèvres de faux sourires.

Il allait pour la seconde fois répéter ses conclusions quand lord Kimbolton se leva.

« Je suis prêt, dit-il, à obéir à la chambre. L'accusation portée contre moi est publique, je demande que ma justification le soit également. »

Les membres des communes se consultaient, quand un messager de la chambre des Lords apporta la nouvelle que, même avant la décision des communes, et d'après l'ordre du roi, on apposait en ce moment les scellés chez les cinq membres mis en accusation.

Un grand tumulte se fit dans la salle.

Toutes les passions violentes se donnèrent un

moment carrière dans des discours pleins de menaces.

« Nos priviléges sont violés ! dit une voix.

— Votons contre la mise en accusation, ajouta un autre.

— Si les gens du roi offensent les membres des communes, traduisons-les à la barre ! s'écria un troisième.

— Il faut s'entendre avec les lords, répliqua John Hotham, et s'ils refusent de conférer de cette affaire avec les communes, si la Chambre Haute n'obtient pas du roi une garde qui mette notre vie en sûreté, nous nous retirerons ailleurs.

Aussitôt plusieurs membres s'écrièrent que John Hotham serait lui-même chargé de cette négociation.

Il sortit, et le bruit continua dans l'assemblée, en attendant la réponse des lords.

Mais au lieu de cette décision, ce fut un nouveau message de Charles Ier qui arriva.

Il sommait les communes de livrer les cinq membres accusés de haute trahison.

« Au nom du roi mon maître, dit le messager, je viens requérir M. l'orateur de remettre en mes mains cinq gentilshommes, que sa Majesté m'a chargé d'arrêter.

— Nommez-les, » dit une voix.

Le héraut d'armes les nomma.

Aucun des accusés ne quitta sa place.

L'envoyé du roi fit un pas en avant.

Alors, sans tumulte, sans bruit, toute la chambre se leva. En quelques instants un comité fut organisé. Il eut pour mission de ransmettre directement à Charles Ier une réponse dont les formes polies n'atténuaient pas le manque intime de respect à l'autorité du souverain.

Lord Falkland et sir John Colepepper firent partie de cette ambassade.

En même temps la chambre des communes s'entendait avec la Chambre Haute.

Le roi apprit donc en même temps que l'ordre de lever les scellés avait été donné au mépris de la volonté royale, et que la chambre exigeait une garde destinée, disait-elle, à la protéger.

Ce fut le duc de Richemond qui transmit ces nouvelles au roi, détruisant ainsi brusquement les espérances fondées sur une mesure répressive dont il attendait de grands résultats.

La reine Henriette ne put dissimuler combien sa fierté souffrait de cet outrage.

Charles se contint, et répondit doucement :

« Je donnerai mes ordres demain. »

Lord Richemond porta cette réponse.

Les membres des communes s'ajournèrent pour le lendemain à une heure.

« Qu'ordonne la chambre à notre sujet ? demanda Pym.

— Soyez exacts comme vos collègues, répondit l'orateur, nous ne vous avons pas accusés, nous ! »

Charles Stuart, resté seul avec Henriette de France, ne perdit rien de son courage. L'insulte que lui infligeaient les chambres ne pouvait l'atteindre, il lui appartenait d'y porter une décision telle que nulle opposition ne demeurât possible.

La reine paraissait moins rassurée.

Pendant la soirée elle affecta cependant de montrer sa gaieté et sa grâce habituelles pour les personnes qui l'entouraient ; mais si lady Carlisle en fut dupe, l'amitié de Georgina ne s'y trompa point. La jeune fille se sentait au cœur un redoublement de courage, Jessy O'Connor venait d'arriver à Londres, et elle se trouvait alors à Whitehall.

La reine se retira de bonne heure, prétextant les fatigues de la journée, et quand la nuit fut devenue assez obscure pour défier l'espionnage, des cavaliers réunis en petits groupes entrèrent successivement dans les cours et les galeries.

La lutte pouvait ne pas se borner à des discours et à des remontrances. La révolution allait peut-être mettre le mousquet à la main, et Charles voulait à tout prix sauver sa famille.

On apporta dans la tour de Whitehall, des barils de poudre et des armes.

Les cavaliers se tenaient prêts pour la bataille.

Georgina et Jessy O'Connor disposaient tout pour la fuite de la reine et de ses enfants.

Tant de soins demandaient une activité si grande que l'inquiétude et les angoisses ne pouvaient se traduire par des mots. Chacun agissait avec le calme qui fait la sûreté des entreprises. L'esprit qui animait les cavaliers, Charles, Henriette et leurs amis, était un même esprit de légalité et de droiture. Charles Stuart chérissait l'Angleterre, souhaitait le bonheur de ses sujets, et ne négligeait rien pour satisfaire aux demandes raisonnables. Mais ce monarque doux et bon, ce roi gentilhomme plein de vertus chevaleresques, était doué d'un indomptable courage dès qu'il s'agissait de défendre les intérêts de son cœur. Tant qu'on s'attaqua seulement à ses prérogatives, il usa de longanimité ; du moment où la reine se trouva menacée, il prit la résolution de défendre lui-même sa couronne qu'il tenait de Dieu, et la femme qu'il avait choisie.

La grandeur du devoir à remplir le haussait jusqu'à l'héroïsme. Charles grandissait dans le péril, et donnait sa véritable mesure à l'heure où tout semblait perdu.

La matinée parut longue.

A onze heures le roi entra chez Henriette-Marie.

« Je ne viens pas chercher du courage auprès de vous, lui dit-il, quoique vous soyez brave comme votre aïeul ; avant une heure j'aurai soumis les chambres ; avant une heure nul n'osera élever la voix devant Charles Stuart. »

Le roi attira Henriette à lui, l'embrassa au front et la quitta.

Henriette crut ce que Charles venait de lui dire. En dépit de la haine des partis, de l'orgueil croissant des chambres, de l'empiétement de la bourgeoisie dans les affaires publiques, elle s'imagina comme son époux qu'il suffisait que Charles parût dans la salle des délibérations pour que toute discussion cessât.

L'émotion d'une nuit pleine d'alarmes l'agitait encore. Elle allait de sa fenêtre, d'où elle dominait la cour d'honneur, à la porte voisine du grand escalier. Elle attendait des nouvelles, des messagers. La fièvre la brûlait, elle consultait sa montre à chaque instant. Le roi avait dit : Dans une heure ; Henriette attendait l'accomplissement de la parole du roi.

Elle était presque entièrement écoulée, cette heure qui devait être triomphale ou néfaste, quand la comtesse Carlisle entra dans le cabinet de la reine.

Lady Carlisle souriait, mais son regard était plein de méfiance; elle s'inclinait, mais on sentait de la révolte en elle, et si Henriette-Marie avait surpris son venimeux sourire, elle n'eût pu s'empêcher de frémir.

Mais Henriette ne se défiait pas ; une des vertus des grandes âmes est la confiance.

Lady Carlisle avait tant de fois protesté de son dévouement que la reine y croyait. D'ailleurs, en ce moment-là, l'expansion lui devenait presque nécessaire. Elle étouffait, en regardant les aiguilles de cette montre qui devaient lui annoncer la victoire définitive ou une défaite irrémédiable.

Georgina et Jessy venaient de se retirer.

Henriette comptait sur lady Carlisle.

Hélas ! une parole adressée par une reine confiante à une femme ambitieuse et dévorée de mauvaises passions avança plus la perte de Charles Stuart que ne l'avaient fait jusqu'à ce moment les conspirations de Cromwel, la lutte des chambres, et la propagande presbytérienne.

« Réjouissez-vous, comtesse ! s'écria Henriette-Marie : à l'heure qu'il est le roi est enfin, je l'espère, maître de ses États.

— Oserais-je demander à Votre Majesté ce qui lui donne cette heureuse confiance ? »

La comtesse Carlisle s'était rapprochée de la reine et s'agenouillait presque devant elle, comme si elle voulait la remercier de lui annoncer une nouvelle semblable.

« L'Angleterre aime le roi, dit la reine, l'Écosse le chérit davantage. Laissons le peuple à lui-même et rien ne le séparera des Stuart ; mais retranchons de la chambre des lords et de celle des communes les agitateurs qui corrompent l'esprit public. »

Lady Carlisle se redressa lentement comme un reptile.

« En effet, répondit-elle, c'est le seul moyen à employer.

— On l'applique en ce moment.

— Comment ! s'écria la comtesse, on procède à des arrestations ?

— Voyez l'heure, lady Carlisle... ou je me trompe fort, où déjà lord Kimbolton et MM. Hampden, Hollis, Sho le, Halesvig et Pym sont enfermés à la Tour. »

Lady Carlisle se leva. Elle avait tranquillement écouté nommer les quatre premiers gentils hommes, mais quand on cita Pym, une flamme passa dans ses yeux verts, un battement précipité trahit l'agitation de son cœur, elle bondit sous le coup qui l'atteignait.

Henriette vit dans la rapidité de ce mouvement un élan de joie, et pressant les mains de Lady Carlisle.

« Vous m'aimez ! dit-elle, oui, vous m'aimez bien.

— Si je vous aime ! Votre Majesté en acquerra bientôt la preuve... Si je vous aime ! vous le demandez... Mais quoi ! le roi court des dangers à cette heure, votre époux peut voir méconnaître son autorité... Vous espérez ! rien ne justifie encore votre attente... Ah ! moi ! moi ! si l'homme qui m'est cher se trouvait en péril, je braverais le peuple et la cour, le roi et Dieu ! »

Lady Carlisle crispait ses petites mains, et le front enfiévré, elle se demandait ce qu'elle allait faire.

Henriette-Marie s'approcha de la croisée.

« Votre Majesté me permet-elle de prendre des nouvelles ?

— Je vous en prie. »

La comtesse sortit.

Arrivée dans le vestibule, elle s'arrêta. Ses idées se heurtaient dans sa tête. Elle comprenait une seule chose : Pym était perdu, et autant qu'elle pouvait chérir quelqu'un en dehors d'elle-même, la comtesse Carlisle s'était attachée à Pym.

Le sauver ! elle n'avait que ce but, mais comment y parvenir ? Entre Charles Stuart et les membres de la chambre des communes y avait-il égalité de situation ? Les événements pouvaient marcher avec une rapidité foudroyante. Peut-être même n'était-il plus temps d'essayer de sauver Pym.

Pendant que lady Carlisle hésitait, un page qu'elle protégeait passa près d'elle.

« Un messager ! pensa lady Carlisle ; je ne trouvais rien... me voilà sauvée. »

Elle écrivit rapidement deux mots sur une feuille de carnet et les remit à l'enfant.

« Ne donne cette lettre qu'à M. Pym lui-même, il s'agit de vie ou de mort.

— Je vous dois le salut de ma mère ! répondit le page. Où trouverai-je M. Pym ?

— A la chambre. »

L'enfant s'éloigna en courant.

Alors lady Carlisle respira.

Elle ne songea point que pour sauver Pym elle venait de vendre Charles Stuart et anéantir la monarchie ; elle ne vit point que dans sa main le crayon précédait de peu la hache.

Immédiatement elle remonta chez la reine.

Celle-ci, fatiguée par l'attente, venait de s'enfermer chez elle avec ses enfants. Elle éprouvait le besoin de les rapprocher de son cœur, de les embrasser, de se prouver pour ainsi dire à elle-même que ces trésors de grâce et de tendresse lui appartenaient bien.

Pendant que ceci se passait à Whitehall, Charles Ier se rendait du palais à la chambre des communes.

Charles n'avait point quitté Whitehall sans escorte.

Trois ou quatre cents hommes l'accompagnaient.

Les uns étaient choisis parmi ses fidèles cavaliers, les autres étaient pris dans ses gardes ordinaires.

Quelques étudiants armés se joignirent à cette petite troupe. Charles n'avait pas l'intention d'envahir la chambre avec si nombreuse compagnie, mais dans les mauvaises dispositions où se trouvaient les révolutionnaires, la personne du roi pouvait ne pas être en sûreté. Charles eût préféré se passer d'escorte, mais il se devait à sa femme, à ses enfants, à ses amis.

Cependant, bien qu'il fût accompagné, le peuple l'approchait ; de pauvres gens lui remettaient des suppliques.

Le roi les prenait lui-même, interrogeait les malheureux et leur promettait aide et secours.

Cette bonté généreuse dégénérait en ce moment en faute politique.

Si Charles Ier s'était hâté en quittant la reine de courir à la chambre, le message de Lady Carlisle serait arrivé trop tard.

Quand certains malheurs sont imminents, loin de les conjurer, les actions les meilleures les activent.

La confidence d'Henriette à la comtesse Carlisle, et les consolations données par le roi à des sujets malheureux perdirent une cause sacrée.

Cependant la chambre attendait, sans se douter que le roi apportait sa réponse en faisant arrêter les traîtres sous ses yeux.

L'impatience gagnait déjà les membres de la chambre des communes, quand le page envoyé par lady Carlisle se glissa dans la salle et remit à Pym le laconique billet de la comtesse.

Pym le fit passer à ses co-accusés.

Tous sourirent et s'enfoncèrent dans leur fauteuils avec un mouvement qui signifiait que Charles Stuart n'oserait jamais agir avec une telle énergie.

Cependant l'apparition du page, la lecture du billet, la tenue des cinq membres décrétés d'accusation, tout indiquait qu'un incident survenait.

Le président Lenthal demanda à Pym de quelle nature était la nouvelle.

« Un conte d'enfant et une rêverie de femme, » dit-il ; mais au même moment la brusque apparition du capitaine Langrish démentit les paroles de Pym.

« Le roi s'approche ! dit Langrish ; il arrive avec une petite armée... dans un instant la chambre sera envahie... Charles Stuart veut arrêter les membres de la chambre accusés par lui de haute trahison.

— Défendons-nous ! s'écrie sir Walter Earl.

— Oui, défendons-nous ! »

Plusieurs des membres de la chambre saisissent leurs armes. Ils parlent à la fois, s'excitent, s'exaltent; le désordre est à son comble dans la salle.

Lenthal réclame le silence.

« C'est avec du calme qu'on remédie à tout, dit-il; je vous rappelle à la dignité de vous-mêmes. Que veut le roi ? l'arrestation de Hampden, de Hollis, de Pym, de Haslevig? Eh bien ! Que les accusés quittent immédiatement la salle, et la démarche du roi n'a plus aucune puissance, aucun résultat.

— Non! s'écria Hollis, j'ai des armes, je résisterai.

— Vous vous retirerez, dit Lenthal, pour éviter de plus grandes collisions. »

Pym, Hampden, Haslevig échangèrent quelques mots avec Lenthal et se rangèrent de son avis.

Ils finirent par entraîner Hollis.

M. Shode résistait encore. Son pistolet d'une main et un petit poignard de l'autre, il restait l'œil fixé sur les portes de la salle, prêt à se précipiter sur le premier cavalier qui paraîtrait.

Un des membres de la chambre vit le roi traverser la cour.

Le plus grand silence s'établit comme par magie.

Walter Earl poussa Shode par les épaules hors de la salle, et la ferma sur lui.

En effet Charles venait de franchir la grande cour. Il traversa, au milieu de la double haie formée par ses serviteurs et ses amis, la grande salle du palais de Westminster.

Il ne permit qu'à sa garde de monter l'escalier conduisant à la chambre.

En véritable roi chevalier, confiant et brave, il défendit qu'on l'accompagnât.

« Sous peine de mort ! s'écrie-t-il, je vous interdis de me suivre.

Sa garde obéit.

Le comte Palatin Herbert, neveu de Charles, obtint seul la permission de le suivre.

Les deux portes de la salle s'ouvrent devant lui.

Charles Stuart entre calme, grave, le chapeau à la main, son regard s'arrête sur la place où Pym avait coutume de s'asseoir.

Cette place était vide.

Le roi s'avance vers Lenthal.

« Avec votre permission, Monsieur l'orateur, dit-il, je vous emprunterai un moment votre fauteuil. »

Lenthal cède sa place au roi, qui monte, s'assied, puis promène lentement ses regards sur l'assemblée. Il comprend que la lutte est sans merci désormais, cependant sa fermeté ne l'abandonne pas ; le timbre de sa voix reste le même, son attitude ne trahit aucune inquiétude.

« Messieurs, dit-il avec une grande mesure de parole, et une sorte de conciliation dans l'accent, je suis fâché de l'occasion qui m'amène ici ; je vous ai envoyé hier un héraut d'armes, chargé d'arrêter quelques personnes accusées, par mon ordre, de haute trahison. J'attendais de vous obéissance et non un message. Nul roi d'Angleterre n'a été plus soigneux que moi de maintenir vos priviléges ; mais vous devez savoir qu'il n'y a de privilége pour personne dans le cas de haute trahison. Je viens voir si quelques-uns des accusés sont ici. Tant qu'ils siégeront dans cette chambre je ne puis espérer qu'ils rentrent dans le droit chemin où je les désire sincèrement. Je viens vous dire que je veux les avoir, quelque part qu'ils se trouvent...

« Monsieur l'orateur, ajouta le roi en se tournent vers le président, où sont-ils ? »

Lenthal se jeta à genoux.

« Avec le bon plaisir de Votre Majesté, je

n'ai ici point d'yeux pour voir, ni de langue pour parler, qu'autant que la chambre, dont je suis le serviteur, veut bien me le prescrire ; je supplie humblement Votre Majesté de me pardonner si je ne puis faire d'autre réponse à ce qu'il lui plaît de me demander. »

Le roi comprit que Lenthal ne pouvait rien.

Charles Ier gardait encore une grande confiance dans le prestige de la majesté royale. Il ne s'offensa donc point des paroles du président; ses yeux cherchèrent de nouveau la place de Pym et celle de ses co-accusés, et il répondit avec un demi-sourire :

« A la bonne heure ! je vois que les oiseaux se sont envolés. » Puis il ajouta plus gravement, en s'adressant non plus à Lenthal, mais à toute la chambre :

« J'attends de vous que vous me les enverrez dès qu'ils reviendront. Je vous certifie sur ma parole de roi, que je n'eus jamais le dessein d'employer la force, et que je procéderai contre eux par les voies légales. Maintenant, puisque je ne puis faire ce qui m'a amené, je ne vous dérangerai pas davantage; mais je vous le répète, je compte qu'aussitôt qu'ils rentreront dans la salle, vous me les enverrez... »

L'accent du roi était bref et menaçant, quand

il ajouta en embrassant d'un regard circulaire la chambre entière des communes :

« ... Sinon, je prendrai des moyens pour les retrouver. »

Lenthal s'inclina sans parler.

La chambre garda un silence morne.

Charles Ier se leva et quitta son fauteuil.

Il traversa la salle sans se couvrir, tenant comme au moment de son entrée le chapeau à la main. Pendant qu'il se dirigeait vers la grande porte, un cri unanime s'éleva :

« Privilége ! privilége ! »

Charles ne parut pas l'entendre et continua d'avancer.

Alors l'explosion devint formidable ; le cri : Privilége, signifiait en ce moment ;

« Révolution, déchéance, échafaud ! »

Charles trouva ses gardes sur l'escalier.

Il descendit avec un calme apparent, mais son cœur battait à rompre sa poitrine. Il venait d'affecter l'ignorance même de l'insulte subie ; il la sentait par toutes ses fibres.

De la cour il entendait encore ce mot :

« Privilége ! »

Dans la rue la populace qui l'avait distingué le répétait avec une joie de mauvais augure.

Les cavaliers exaspérés mettaient le pistolet au poing.

Un d'eux s'écria :

« Qu'on me montre le but, je ne le manquerai pas ! »

Plusieurs entre les plus zélés serviteurs du roi étaient d'avis qu'on passât outre l'inviolabilité de la chambre.

« Au diable la chambre des communes ! disaient-ils, qu'avons-nous à faire à ces gens-là ?

— Qu'on les amène et qu'ils soient pendus ! ajoutait un autre.

— Quand viendra l'ordre ? » criaient quelques-uns.

Et en parlant d'ordre, ils agitaient leurs armes de façon à faire comprendre comment ils comprenaient le rétablir.

La foule voyait, regardait, s'épouvantait.

Elle connaissait l'accusation portée par le roi la fuite des accusés, l'autorité dont la chambre couvrait leur trahison ; elle se demandait quelle vengeance le roi tirerait de la chambre. A tout hasard, elle répétait ce qu'elle avait entendu dire :

« Privilége, privilége ! »

Le peuple prenait désormais parti pour les représentants des communes.

Mais comme il ne pouvait croire à la générosité de Charles 1er, et que la hardiesse des cavaliers l'effrayait, il accueillit les bruits les plus contradictoires répandus par les émeutiers.

On barra les rues ; les boutiques se fermèrent.

Les citoyens prirent spontanément les armes.

Le lord maire tenta vainement de rassurer les trembleurs et de calmer ceux qui accroissaient le désordre. On s'attendait à un sanglant éclat. La guerre civile paraissait imminente. Des patrouilles parcouraient la cité. On répétait en les dénaturant les paroles des cavaliers. Les apprentis de divers métiers erraient dans les rues, criant que la ville allait être incendiée par les cavaliers, et que le roi marchait à leur tête.

L'agitation du peuple devenait extrême.

L'acte d'énergie tenté par le roi avait le plus désolant des résultats ; il pouvait lutter encore, un miracle pouvait le sauver !

Dieu le voulait-il ?

XII

LUTTE.

Quand Charles pénétra chez Henriette-Marie, celle-ci tenait encore ses enfants dans ses bras.

D'un mouvement rapide elle les posa à terre, puis s'élançant vers son mari :

« Eh bien ? demanda-t-elle.

— Le privilége l'emporte sur la royauté, répondit Charles.

— Mon Dieu ! Mon Dieu ? s'écria Henriette, comment cela finira-t-il ? »

Charles ne répondit pas ; en pensant à sa famille il avait peur.

Cependant les moments devenaient précieux. La fureur populaire grandissait d'une façon menaçante. Charles fit mander les hommes en qui il avait le plus de confiance, Falkland, Hyde, Colepepper et lord Digby.

Il les reçut dans l'appartement de la reine.

Falkland et Hyde jugeaient la situation déssespérée, Colepepper jugea prudent de publier une proclamation ordonnant la fermeture des ports, et défendant sous peine de mort de donner asile aux accusés.

Charles y consentit.

Cependant ni lui ni la reine ne s'abusaient sur l'importance de tels ordres.

Digby, lui, soit qu'il trouvât juste d'expier la promptitude irréfléchie de ces conseils, soit que le danger du roi grandît son attachement à la famille de Charles Stuart, offrit au roi non pas un avis, mais un acte audacieux.

« A quoi servent en ce moment les ordonnances et les proclamations ? s'écria-t-il, il faut au souverain outragé une prompte justice. La chambre ne condamnera jamais cinq de ses membres à être décapités ou pendus. Laissez-nous une heure devenir vos juges et vos officiers de justice. Pym et ses complices se reposent sur la protection de la chambre, déconcertons-la par notre rapidité. Avec Landsford et quelques cavaliers, je me tiens pour sûr d'arracher les accusés à leur asile, et de vous les amener pieds et poings liés.

— Je vous remercie, Digby, répondit le roi ;

mais la chambre a fait appel à ses priviléges, je les respecterai.

— La chambre ne vous tiendra nul compte de votre générosité! s'écria Henriette-Marie.

— J'aurai rempli mon devoir.

— Que ferez-vous pour obtenir un résultat?

— J'irai demain demander au conseil commun qu'on me livre les prévenus.

— S'il refuse?

— Il ne le peut; j'userai de douceur, et la valeur de mon droit ne m'empêchera pas d'entourer ma réclamation de formes polies. »

Digby échangea quelques mots avec la reine.

« Sire reprit Henriette, lord Digby a raison, l'heure de parlementer est passée.

— Que dois-je donc faire?

— Agir, Sire, répondit Digby.

— Contre le peuple? demanda Charles.

— Oui, s'il le faut!

— Jamais! s'écria Charles Stuart; je ne veux pas de sang sur ma couronne. »

Digby n'ajouta rien.

Hyde, Falkland et Colepepper, groupés dans un angle du salon, gardaient un silence pénible. De temps en temps montaient de la rue des bruits étranges, cliquetis d'armes, appels, insultes, prières au Dieu d'Israël. Le chant des psaumes alternait avec les cris séditieux.

Charles passa toute la nuit sans se coucher, cherchant vainement en dehors de la violence un moyen d'arrêter la révolution.

Henriette-Marie endormit ses enfants dans ses bras. Chaque fois qu'un mot cruel, une menace, montaient de la rue, elle les pressait plus fort sur son sein.

Les flambeaux pâlirent.

Le matin se leva.

Malgré le brouillard et le froid, le peuple courait encore dans les rues, ivre de wisky, d'usquebaugh, de gin et de fanatisme.

En dépit de ses efforts pour demeurer maîtresse d'elle-même, Henriette-Marie restait accablée. Cette longue veille avait pâli le visage du roi.

Il s'occupa de sa toilette avec un soin minutieux : le peuple ne devait pas deviner quelle nuit terrible venait de s'écouler pour les habitants de Whitehall. Charles quitta sa femme sans lui adresser une seule parole, la pression de sa main énergique seule en disait plus que toutes les protestations.

Au moment où Charles Ier se disposait à monter en carosse, douze jeunes hommes sortirent de la foule de ses amis, le glaive en main, et dirent comme un seul homme cette phrase d'espérance :

« *Erin go braegh !*

— Les enfants de Finn-Bar ! dit Charles ; puis il ajouta : Où est votre père ?

— Chez lady Georgina, avec Jessy O'Connor. »

Patrick se trouvait près du roi quand celui-ci monta en voiture.

« J'aurai besoin de vous ! » dit-il à voix basse.

Patrick s'inclina.

La voiture fut fermée, et le roi quitta Whitehall sans gardes.

Le peuple ne répondit guère à la chevaleresque générosité du monarque.

La foule se pressait, il est vrai, sur le passage de Charles, mais cette foule était muette, sombre, menaçante.

De temps en temps le cri, « Privilége » se fondait dans une immense clameur et dans de frénétiques applaudissements.

Une main passa à travers la portière de la voiture de Charles Stuart.

Le roi crut qu'on le voulait assassiner.

Non, Walker, presbytérien farouche, venait de jeter sur ses genoux un pamphlet ayant pour titre : *A vos tentes ! Israël !* Quand les dix tribus se séparèrent de Jéroboam, les adoptèrent ce cri de ralliement.

Charles lut le pamphlet pendant le trajet.

Arrivé au conseil commun, le roi entra dans la salle, courtois comme la veille dans ses manières, affable et doux dans son langage. Il protesta de son dévouement à la religion, promit de se conformer comme par le passé aux lois du royaume, même en ce qui concernait Shode, Hallis, Hampden, Pym et Hasling, et termina par les réclamer comme coupables de haute trahison envers sa personne.

Le peuple garda le silence.

Le conseil grave et triste répondit qu'il s'en remettait à la chambre.

Charles se vit abandonné de tous.

Néanmoins pour essayer les derniers moyens de conciliation, et prouver qu'il ne gardait rancune à personne, même aux presbytériens exaltés, il se tourna vers un des shérifs et lui annonça qu'il dînerait chez lui.

Le puritain austère s'inclina en remerciant le roi de l'honneur qu'il daignait faire à sa maison.

Charles reçut un accueil respectueux.

On déploya chez le presbytérien une pompe inusitée ; le sujet se montrait reconnaissant de la condescendante familiarité du monarque, mais le puritain ne perdit rien de sa raideur, de ses idées religieuses, et quand le roi tenta d'amener l'entretien sur les graves événements qui venaient de s'accomplir et dont le dénoûment pouvait être terrible, le shérif évita de répondre.

Charles sentit l'abattement le gagner.

La colère s'amassa dans son âme quand il traversa de nouveau la foule hostile dont le silence l'insultait.

La chambre des communes était en séance.

La question de violation de privilége soulevait les haines et servait de prétexte à la révolte. La chambre demandait au roi réparation au lieu de songer à lui rendre justice.

Elle réclamait une garde imposante qui la mît à l'abri de l'attaque des cavaliers.

En attendant, elle s'ajourna pour six jours, afin de laisser à Charles le temps d'agir ou de trouver le moyen de pourvoir elle-même à sa propre sûreté.

On décida seulement que la formation d'un comité muni de grands pouvoirs devenait indispensable.

Ce comité se composa de vingt-cinq membres.

Pour feindre une justice distributive bien

éloignée de ses sentiments, la chambre nomma deux amis du roi pour en faire partie : sir John Colepepper et lord Falkland.

L'installation de ce comité eut lieu à Guildhall.

Il fut chargé d'instruire l'affaire du dernier attentat et de procéder à une minutieuse enquête, de s'informer de la situation exacte du royaume, et d'obtenir sur l'Irlande des renseignements complets.

Ces enquêtes devaient se poursuivre grâce au concours des citoyens, fidèles amis du parlement.

On installa ce comité humiliant pour la majesté royale.

Une garde nombreuse l'attendait à Guildhall ; une députation du conseil commun fut envoyée à sa rencontre ; les habitants offrirent de s'armer et firent des sacrifices d'argent.

La maison de Guildhall, choisie pour les assemblées, se trouvait voisine de celle qui servait de refuge aux cinq accusés. Les membres du conseil commun et ceux du comité s'entendaient avec Pym et ses complices. Rien ne se décidait sans leur approbation. Le plus souvent on déléguait vers eux quelques membres du comité, mais ils poussèrent l'insolence et l'audace jusqu'à se rendre quelquefois aux séances. Elles étaient publiques, et le peuple ne manquait pas de saluer les ennemis du roi de ses acclamations.

Des bruits sinistres continuaient à circuler dans la cité.

Le conseil, d'après l'avis du comité, adressa au roi une pétition pour se plaindre du nouveau gouverneur de la Tour, des *mauvais conseillers*, des *papistes*, des *cavaliers*, et prendre enfin la défense des cinq membres accusés par le roi.

Quand le roi reçut cette pétition, il était presque seul à Whitehall.

Par prudence les cavaliers s'étaient disséminés dans la ville. Il ne restait autour du roi et de sa famille que les plus dévoués de ses amis, au nombre desquels il comptait les fils de Finn-Bar.

Charles répondit à la chambre.

Mais de quoi lui servait sa longanimité? Plus il s'obstinait à réclamer le châtiment trop mérité des cinq membres accusés, plus la chambre les défendait. Charles n'ignora bientôt plus que Pym et ses amis seraient ramenés en pompe à Westminster quand la chambre reprendrait ses séances.

Les milices, le peuple même, les mariniers de la Tamise leur devaient faire cortége.

En apprenant que ces derniers, sur l'affection de qui il comptait, le reniaient à leur tour, Charles trouva sur ses lèvres une parole de triste ironie :

« Quoi donc! dit-il, les rats d'eau même m'abandonnent! »

Une heure plus tard, Pym connaissait ce mot du roi, grâce à la comtesse Carlisle ; il circula parmi les mariniers, qui le regardèrent comme une grave injure.

Le cri de « Privilége » ne cessait de retentir dans les rues.

Charles ne pouvait plus se faire illusion sur sa situation à Londres.

Mais après tout était-il seulement roi de Londres et non point roi d'Angleterre ?

Que feraient les chambres si le roi s'éloignait?

Sans doute l'armée de cavaliers du roi était peu nombreuse : elle comptait seulement des chefs et des gentilshommes; mais chacun d'eux disposait de forces plus ou moins grandes dans les divers comtés de l'Angleterre. On pouvait laisser à la nation le temps de se calmer ; et, en attendant la pacification des esprits, chercher une résidence plus sûre.

Charles Stuart fût resté à Whitehall s'il eût été seul.

Mais la reine, tour à tour irritée contre l'injustice du peuple et tremblante pour le salut de ses enfants, ne cessait de répéter au roi qu'il devait suivre l'avis de ses amis et s'éloigner.

Charles devinait-il que s'il quittait Whitehall il n'y rentrerait pas ?

Enfin Charles entouré, obsédé, fatigué, pris à la fois par les raisons de la politique, les arguties de la chicane, les scrupules religieux et les sentiments de son cœur, adopta l'avis du plus grand nombre.

Un conseil fut tenu à Whitehall.

A côté des gentilshommes vêtus de velours et portant le feutre à plumes et le collet de point, parurent treize hommes enveloppés du carrick irlandais.

Ils n'étaient ni les moins habiles dans la discussion, ni les plus lents dès qu'il fallait agir.

Ces hommes paraissaient former non pas un groupe, mais un faisceau.

Ils engageaient Charles à se retirer en Irlande, dans cette terre catholique qu'il s'était efforcé de défendre et qui lui savait gré d'avoir été un jour couverte par son manteau royal.

L'avis général fut que le roi Charles ne partît

point pour un voyage si éloigné, et qu'il se réfugiât à Hamptoncourt, pendant que les cavaliers parcourraient l'Angleterre, l'Écosse et l'Irlande pour rassembler ses derniers défenseurs.

Le comte de Newcastle devait se diriger vers le nord et y employer toute son influence.

Pendant toute la nuit, Henriette-Marie s'occupa des préparatifs du départ avec ses femmes. La reine conseillait cet exil, et cependant elle en souffrait. Elle comprenait que la royauté recevait une grave atteinte ; le départ du roi laissait le champ libre à la révolution. Mais la femme et la mère primaient la reine chez Henriette-Marie. Elle ne pouvait d'ailleurs ni enlever au roi le reste de son courage ni montrer à ses enfants l'exemple de la crainte. Devant sa fille Mary, elle souriait. Pendant qu'elle serrait dans une cassette ses bijoux les plus précieux, elle montrait à la future épouse du prince d'Orange ceux qu'elle comptait lui donner. Elle abandonnait les soins du départ pour embrasser, distraire et consoler ses enfants. Si la force intime lui faisait un moment défaut, elle se demandait ce que deviendrait sans elle sa famille menacée.

Henriette-Marie n'ignorait point combien triste peut devenir le sort des reines.

N'avait-elle pas vu Marie de Médicis, poursuivie par la haine du cardinal, errer d'Angleterre en Allemagne, proscrite, disgraciée, pauvre, manquant de pain ?

En voyant la marche que prenaient les affaires publiques en Angleterre, elle en venait à se demander ce qu'il adviendrait d'elle, de ses enfants, du roi lui-même...

Quitter Londres à tout prix, dût le trône sombrer dans la tempête populaire, voilà ce qui lui parut bientôt à elle-même le seul parti possible. Et cependant elle s'arrachait difficilement à Whitehall. Une voix mystérieuse lui disait qu'elle n'y rentrerait jamais. Elle éprouvait des attendrissement subits en traversant certaines salles, en regardant certaines toiles. Certes, elle quittait volontairement le palais, mais derrière elle, la fatalité en fermerait à jamais les portes.

Georgina avait obtenu de l'accompagner.

La comtesse Carlisle réclama la même faveur.

Henriette-Marie la regarda froidement :

« Vous seriez bien loin, lady Carlisle, pour faire parvenir des billets à M. Pym... »

Les yeux vipérins de la comtesse ne se baissèrent pas ; ce qu'ils contenaient de menaces,

Henriette le comprit et ne put s'empêcher d'en frémir.

Georgina et Jessy O'Connor devaient seules des dames de la cour, suivre la reine à Hamptoncourt.

Pour celles-ci, le danger, les douleurs de la reine les touchaient jusqu'aux larmes, mais elles se sentaient le courage de donner leur vie pour la sienne.

Henriette-Marie cachait en son âme une douleur qui ne devait jamais guérir. Elle s'accusait de tous les malheurs survenus depuis quelque temps, elle ne cessait de répéter à Georgina et à Jessy que, sans sa funeste confidence à lady Carlisle, la démarche du roi aurait obtenu un plein succès. Vainement Charles Stuart la rassurait, la consolait, lui répétait qu'il ne pouvait ni ne voulait faire retomber sur elle des malheurs que le temps entraînait dans une succession étrange. Vainement il lui répétait que le royaume d'Angleterre lui-même ne valait pas le bonheur de vivre auprès d'elle, fût-ce en exil : Henriette-Marie n'oubliait pas et ne pouvait s'absoudre.

La famille royale partit pour Hamptoncourt.

L'installation fut rapide.

Un peu de calme succéda aux fiévreuses

journées qui précédèrent sa fuite. Le roi Charles parut se retremper dans le rapprochement de ses amis intimes. Loin de Londres, il lui sembla qu'il combinerait mieux le moyen de réprimer la révolte.

Hélas ! le roi se faisait une grande illusion.

Le lendemain même de son départ de Whitehall, vers deux heures de l'après-midi, la Tamise fut couverte d'un nombre considérable de barques pavoisées. Les rats d'eau témoignaient leur mécontentement à leur manière et ramenaient à Westminster les cinq membres décrétés d'accusation. Toute la population se tenait sur les quais, sur les ponts, acclamant, criant, gesticulant, accolant les noms de Pym, de Hallis, de Shode, au mot privilège. Des barques chargées de citoyens suivaient sur le fleuve les canots armés en guerre. La milice portait au bout des piques dont elle était munie, les dernières déclarations du parlement.

On avait mis la veille à la tête des miliciens un homme populaire à cause de son presbytérianisme, soldat habile formé dans les camps de Gustave-Adolphe.

Il se nommait le capitaine Skippau.

Le cortége accompagnant les cinq membres

de la chambre des communes était **protégé** par les soldats de Skippau.

Le peuple suivait en criant, comme font tous les peuples dans tous les mouvements révolutionnaires.

En passant devant Whitehall, la foule s'arrêta.

Ne pouvant insulter le roi, elle insulta le palais du roi.

« Où est Charles Stuart ? criait-elle.

— Que sont devenus les cavaliers ?

— *A vos tentes ! Israël !*

— Les priviléges du parlement !

— Privilége ! privilége ! »

Ces cris se croisaient, se mêlaient comme des chocs d'épées.

Le cortége arriva triomphalement à Westminster.

La Chambre était assemblée.

Les cinq membres, acclamés à leur entrée, reprirent leur place habituelle.

Lenthal exprima le désir qu'on votât des remercîments aux shérifs pour l'énergie dont ils venaient de faire preuve.

Les shérifs reçurent les louanges de la Chambre des communes, protestèrent de leur dévouement à la cité et se retirèrent, pas assez vite, cependant, pour ne point trouver dans les escaliers, les cours et les rues avoisinantes, une troupe de quatre mille chevaliers tant gentilshommes que francs tenanciers et mutins de toutes sortes. Ils venaient à cheval, du comté de Buckingham, d'où Hampden était originaire, afin de témoigner à leur manière, l'estime qu'ils faisaient de ce dernier, en se liguant avec lui contre le pouvoir du roi.

La pétition dont ils étaient porteurs dénonçait les *lords papistes*, les *mauvais conseillers*, et vantait outre mesure, le membre des communes qui les représentait à la chambre.

En sortant de Westminster, ils devaient remettre une seconde pétition à la Chambre-Haute. La troisième était préparée pour le roi.

Ils ajoutaient à leur audace un sentiment religieux exalté.

Tous gardaient à leurs chapeaux la formule d'un serment par lequel ils s'engageaient à mourir pour la défense du parlement, et aussi à lutter contre les ennemis du parlement quels qu'ils fussent.

Ce renfort fut reçu avec enthousiasme.

La chambre soutenue vota que nul membre ne pourrait, sous aucun prétexte, être arrêté sans une autorisation émanant de son sein.

On adopta un bill donnant aux chambres le droit de s'ajourner au besoin, et de se tenir en tel lieu qu'elles jugeraient convenable.

On rédigea une adresse pour demander au roi le renvoi de John Byrau, gouverneur de la Tour.

En attendant la réponse de Charles Ier, le capitaine Skippau plaça des gardes et surveilla les approches de la Tour.

Goring, gouverneur de Portsmouth, reçut défense de recevoir dans la ville des troupes ou des munitions, sans autorisation du Parlement.

Le commandement de la ville de Hull, place forte qui semble la clef du nord de l'Angleterre, fut confié à Sir John Hotham, du comté d'York.

Enfin le royaume fut déclaré menacé, par la chambre des communes. Il est vrai que la chambre-haute repoussa cette déclaration. Mais l'effet moral était produit, et en réalité l'Angleterre tout entière se trouvait armée.

De leur côté les amis du roi ne perdaient pas de temps. La guerre étant devenue imminente, il s'agissait de la soutenir.

A peine Charles Ier et sa famille s'étaient-ils réfugiés à Hamptoncourt, que Lundifait, amenant avec lui trois fils de Finn-Bar et deux cents cavaliers, courut à Kingstown, situé à six lieues de Londres, afin de s'emparer des armes déposées dans les immenses magasins du comté.

Lord Digby s'était joint à eux et leur avait porté les derniers ordres du roi.

Le lendemain le Parlement dénonçait Digby.

De la dénonciation à la condamnation, il n'y avait qu'un mot.

Charles envoya un courrier à Digby, lui enjoignit de revenir à Hamptoncourt, et quand Digby obéissant au roi se présenta devant lui, Charles lui serra les deux mains avec attendrissement :

« Il faut nous quitter, lui dit-il ; vous êtes condamné à mort, et lentement, un à un, on atteindra ainsi mes conseillers et mes défenseurs ! Séparons-nous pour un temps... allez en France, vous y porterez les messages de la reine, vous nous y rassemblerez des amis, des partisans, car j'ignore si moi-même... Non ! moi jamais ! si je tombe, ce sera sur le sol d'Angleterre ! mais la reine est Française elle ! et, malgré son dévouement, je ne peux l'entraîner dans ma ruine.

— Eh ! qu'importe que ma tête soit mise à prix, Sire ! répondit Digby, je ne réclame que l'honneur de mourir à votre service.

— Il faut vivre pour m'être utile, Milord ; d'ailleurs je ne crois plus ma famille en sureté à Hamptoncourt, et demain je choisirai un autre asile... quand les rois quittent leur capitale et leur véritable palais, ils courent grand risque de bivouaquer comme des proscrits. Partez sans crainte d'être accusé de faiblesse : Charles Stuart lui-même vous défendra. »

Digby baisa la main du roi et la mouilla de ses larmes.

Le soir même il quittait Hamptoncourt sous le carrick de Ben, et, conduit par Patrick jusqu'au rivage, il fit voile pour la France.

Le 12 janvier 1642, Charles Ier, sa famille et ses amis se rendaient à Windsor, suivis par Landford et ses cavaliers.

C'était la seconde étape de ce terrible voyage, qui devait ramener Charles à Whitehall.

XIII

L'ADIEU DE LA REINE.

Jamais sous les règnes des plus fastueux rois d'Angleterre, une pompe et une gaieté pareilles n'avaient rempli les journées. Comme chacun semblait oublier le souvenir de ces jours de lutte avec le parlement, de conciliabules avec les messagers d'Irlande et d'Écosse !

Chaque matin renouvelait le programme d'une fête. Les chevaux et les chiens remplissaient les écuries et les chenils de Windsor.

La foule des gentilshommes qui s'étaient armés peu de semaines auparavant se préoccupait du choix de ses pourpoints et de la beauté de ses dentelles. On faisait venir de France et d'Italie des soieries pour les jupes traînantes d'Henriette-Marie et des collets de guipure pour ses épaules.

Les festins précédaient le concert et la comédie. On eût dit qu'en abandonnant Hampton-court le roi d'Angleterre venait de renoncer à l'usage de ses droits, et se bornait à vivre comme un prince ardent et jeune, avide de distractions et de plaisirs.

Cette contagion d'amusements allait si loin que Finn-Bar et ses fils renonçant au pauvre carrick d'Irlande, paraissaient aux réceptions vêtus avec autant de luxe que les cavaliers. L'aisance que donne l'habitude leur manquait, mais ils y suppléaient par une hauteur native exempte de morgue, empreinte d'un sentiment de dignité triste, plutôt que de vanité fausse.

Charles les présenta à ses défenseurs sincères, à ses amis dévoués, comme les derniers descendants de Mac O'Rourke, et les traita en pairs d'Irlande, égaux des lords anglais les plus influents.

On assurait que les enfants de Finn-Bar, qui tenaient si fièrement la main sur une garde d'épée, conservaient suspendu dans leur appartement le costume irlandais et le schillelah national.

Jessy O'Connor imita ses amis.

Elle parut à une grande chasse vêtue d'une jupe de velours noir, le feutre à plume sur le front, l'habit à revers rouge fixé à la taille par une ceinture à plaque d'orfèvrerie. Seulement au côté gauche de sa veste élégante étaient brodés la harpe d'Irlande et le trèfle symbolique.

Les jeunes princes et la princesse Mary, paraissaient enchantés de cette nouvelle vie. Le duc d'York et le prince de Galles s'abandonnaient au plaisir avec l'entrain de leur âge ; la jeune princesse affectait parfois une gravité enfantine dont souriaient Jessy O'Connor et Georgina.

Quand on interrogeait lady Mary, elle répondait :

« J'imite la reine ma mère ; je serai bientôt mariée à un grand prince, et je n'aurai plus le droit de jouer comme aujourd'hui.

— Mais le prince d'Orange est presque de votre âge.

— Il a quatorze ans, moi dix ; et puis on assure qu'il passe toutes ses journées à lire de gros livres. J'aimerais bien rester à Windsor au lieu de me marier. »

La reine Henriette avait repris cette gaieté qui était son plus grand charme. La vivacité de son esprit, l'enjouement de son caractère, laissés à leur libre expansion, permettaient d'apprécier sa beauté dans son vrai jour. Henriette de France, plus que toute autre souveraine, était créée pour le bonheur. Le sourire seyait à ses yeux comme à ses lèvres. La grâce régnait dans tous ses mouvements; pleine de cœur, dévouée, héroïque, elle possédait outre ses qualités si rares les agréments, qui rendent séduisant le commerce de chaque jour. Ses plus grands malheurs ne parvinrent par toujours à étouffer les tendances naturelles de sa nature. Elle possédait la coquetterie de l'esprit, et la déployait pour ceux qu'elle chérissait ou qu'elle sentait le besoin d'attirer à elle. La supériorité de son jugement, la sûreté de son coup d'œil, l'habileté de ses mesures, se cachaient sous une forme aimable. Elle insinuait son avis, elle ne l'imposait pas. Aussi, dans la petite cour de Windsor, comptait-elle autant de partisans dévoués que d'admirateurs. Quand Charles Ier ne réussissait pas dans une négociation, elle l'achevait en quelques mots. Le roi lui dut ce chevaleresque élan de Monrose qui entoura d'une auréole de bravoure, de beauté et de jeunesse la fin du règne malheureux.

Les espions qui de Londres couraient à Windsor, afin de surveiller les démarches du roi et d'avertir les chambres des moindres faits propres à les alarmer, rentraient faire le récit *des choses aventureuses* auxquelles la cour se livrait. Se défie-t-on d'un monarque qui s'amuse à courre le cerf et le renard? Peut-on croire qu'une princesse conspire contre le peuple quand elle passe une partie de sa journée à choisir, à essayer des ajustements? Le projet de défendre sa couronne avait bien vite abandonné Charles Stuart. Il avait fallu pour le porter à une abdication toute la peur des rats d'eau et les loisirs fainéants de Windsor.

Sur cette croyance, les chambres se reposaient tranquilles. Peu à peu on cessa même de s'inquiéter des cavaliers. Le luxe de leurs habits, la mollesse de leur vie, cette écharpe féminine qui d'abord fut un signe de ralliement et qui se changeait en parure, tout concourait à dénoncer leur tiédeur. Le danger aurait défié leur orgueil, exalté leur audace, le plaisir les endormait par une progression lente.

Aux environs de Windsor le peuple avait pour spectacle journalier les cortéges de jeunes seigneurs et de belles dames. En les voyant passer, il battait des mains, ce bon peuple. Il aurait pris les armes si le roi avait semblé songer à se défendre, mais le roi s'oubliait et il criait, Vive le roi!

Un matin le soleil de printemps se leva plus radieux que jamais.

Dans la cour piaffaient les chevaux, les valets de chenil avaient peine à contenir la meute. Les sons des trompes s'essayaient timidement. On attendait le roi et Henriette-Marie pour s'élancer sur les coursiers agiles qui secouaient leur crinière en arrachant des étincelles aux pavés de la cour, que heurtaient leurs sabots impatients.

Des groupes se formaient sur le perron, dans la cour, même dans le parc.

On s'abordait avec des sourires, on se serrait la main. On riait et on paraissait s'entretenir follement de choses plus folles encore.

Au milieu de la réunion qui devait suivre le roi à la chasse, on remarquait le père de Georgina, Henry Egton, tout acquis au parlement.

Il n'abandonnait pas ostensiblement la cause de Charles, mais il se montrait presbytérien trop fervent pour ne pas donner de sujet d'inquiétude. Georgina se tenait près de lui, pâle et triste.

Ben Mac O'Rourke la suivait du regard ; il comprenait ce que le père venait de demander à sa fille, et il suppliait Georgina de ne point oublier ses promesses d'enfant.

Egton venait d'arriver, et, selon la pensée de Ben, il voulait conclure le mariage de celle-ci avec Morton.

La présence de Georgina auprès de la Reine ébranlait, disait-il, son crédit.

Georgina demandait le temps de réfléchir.

Egton prétendait l'emmener de Windsor le soir même.

Les larmes montaient aux yeux de Georgina ; elle parlait avec animation, défendant sans les avouer les intérêts de son amour, et promettait de quitter Windsor dans quelques semaines. Egton refusait. Mais Georgina finit par menacer son père d'opposer un refus si formel à sa volonté s'il la pressait davantage, qu'Henry Egton finit par dire : Je le veux.

« Vous voulez ! soit, dit Georgina ; mais si je dis : « Je ne veux pas ? »

— Vous oseriez désobéir à votre père ?

— Quand vous êtes-vous souvenu de cette paternité, milord? Le jour où vous avez cru que mon mariage aiderait vos vues et appuierait vos prétentions. Jusque-là ne m'avez-vous point laissée à la garde de ma nourrice et de la tombe de ma mère ? Cependant, croyez-le, je reconnais votre droit et je me soumets à votre autorité. Je vous demande un peu de temps, quelques jours pour m'accoutumer à la pensée d'abandonner mes amies... Et quelles amies ! la Reine et Jessy O'Connor, Pourquoi hâteriez-vous ce départ ?

votre présence n'est point nécessaire à Londres. Invité de Windsor, vous y resterez au moins une semaine...

— Je partirai demain, répondit Egton.

— Demain !

— Pensez-vous donc, lady Georgina, que je me plaise au milieu de cette cour de papistes ?

— Mon père !

— Oh ! je sais, vous êtes Irlandaise. Le roi Charles se déclare trop ostensiblement pour tout le parti catholique : j'ai à remplir une mission près de lui, je m'en acquitterai ; immédiatement après je quitte Windsor, et vous me suivez...

— Une mission... puis-je savoir ?

— Ce que toute la cour apprendra dans une heure ? Sans doute la reine Henriette trouve déjà l'enceinte de Windsor étroite. Depuis qu'elle s'abandonne comme Dinah à son fol amour pour les divertissements, elle rêve des courses aventureuses. Le moindre prétexte lui semble bon. Elle a écrit aux chambres pour demander la permission de conduire lady Mary en Hollande, au jeune prince d'Orange son fiancé...

— Et vous apportez ici la réponse du parlement ?

— Je l'apporte.

— Quelle est-elle ?

— Le parlement consent. »

Georgina laissa échapper un cri que lord Egton prit pour l'expression de la surprise.

« Le parlement agit en cela avec sagesse, ma fille. Henriette avec ses entêtements systématiques a trop longtemps persuadé au roi qu'il pouvait gouverner seul. La reine éloignée, nous aurons bon marché de Charles Ier. Qui sait si une fois encore la petite-fille de Henri IV ne tenterait pas de soulever la noblesse ? on se défie toujours de l'Écosse ; qu'elle parte pour la Hollande, et je vous jure qu'elle ne remettra jamais les pieds en Angleterre. Son départ est ce qui peut arriver de plus heureux pour le roi. Charles est Stuart, il est Anglais ! Henriette est Française et catholique. Elle pèse sur Charles et le domine. A son gré elle en ferait un tyran ou un homme de plaisirs. Après l'avoir poussé à commettre faute sur faute, vous voyez qu'en un mois elle l'a rendu soucieux de ses habits, comme ce fou de Buckingham, de honteuse mémoire. Tout concourt en ce moment à servir les vues des chambres et les souhaits de Cromwell. Vous souriez, Georgy ! vous croyez bien juger cette reine à qui vous eussiez immolé les intérêts de votre père. Eh bien ! connaissez-la tout entière... Nos affidés, nos espions, si vous voulez, ont intercepté une de ses lettres à Anne d'Autriche. Croyez-vous qu'elle lui écrivait pour lui demander des secours en hommes, en argent, un appui fraternel pour l'aider à défendre son mari et à garder son royaume?

« Non pas ! elle la priait de lui expédier, en prévision de son voyage de Hollande, un corps de jupe en drap d'argent, un manteau, des dentelles et des parfums à la mode.

— Ma place n'est plus où ne sera pas la Reine, je le comprends.

— Acceptez-vous aussi mon autre raison, et deviendrez-vous la femme de Morton ? »

Georgina ne répondit pas.

Un grand mouvement se fit dans la cour.

Charles Ier et Henriette-Marie venaient de paraître.

La jeune reine était ravissante dans son habit de velours vert à galon d'argent.

Jessy O'Connor se tenait derrière elle.

Patrick se disposait à lui tenir l'étrier.

Georgina fut rapidement en selle.

Tandis qu'elle feignait de ranger les longs plis de sa jupe, elle dit tout bas à Jessy.

« La reine partira !

— Dieu soit loué ! » répondit Jessy.

Un moment après, l'Irlandaise mettait son cheval au galop, et Patrick faisait allonger le pas à sa monture.

Lord Egton se tenait non loin de sa fille.

Le roi courait au milieu d'un groupe de jeunes cavaliers : jamais il n'avait paru si insoucieux de la vie. On eût dit qu'il s'énivrait du soleil, du printemps, de toutes les splendeurs du bois qu'il traversait.

On entendait circuler de joyeux propos, on entendait des fanfares vibrantes; la cour de Charles Ier était certes ce jour-là, la plus élégante cour d'Europe, puisque Louis XIV n'avait pas encore donné à la sienne l'animation galante qui la rendit célèbre.

Parfois cependant, au sein de cette folie, quelques-uns des amis de Charles se cherchaient; s'étant rencontrés, ils causaient à voix basse un moment et puis s'éloignaient.

Certes le roi se sentait animé d'une noble confiance à l'égard de ses fidèles. Mais à Windsor arrivaient souvent pour offrir leurs services des hommes dont le présent paraissait peu clair et dont le passé offrait de minces garanties. Avaient-ils l'intention de trahir? agissaient-ils avec franchise? qui pouvait affirmer l'une ou l'autre de ces hypothèses?

Lady Carlisle, confidente et favorite de Henriette de France, ne l'avait-elle pas indignement trahie?

La liberté de Pym ne coûtait-elle pas au roi une partie de sa puissance? ne devait-elle pas lui coûter la vie?

La présence de lord Egton, bien qu'il fût chargé par le Parlement de transmettre une réponse favorable aux souhaits de la famille royale pouvait cacher un piége. Georgina elle-même n'eût pas osé répondre de son père!

Les cavaliers se reconnaissaient entre eux, et leur écharpe devenait un nouveau signe de ralliement.

Avant que lord Egton eût conféré avec le roi, avant que la petite cour de Windsor connût les volontés d'Henriette et apprit que le Parlement y donnait sa sanction, Georgina avait instruit Jessy O'Connor de ce qui se passait.

Il ne restait pas une minute à perdre pour agir. Le lendemain peut-être serait-il trop tard pour saisir l'occasion. On ne pouvait se réunir en conseil avant la fin de la journée. Mais quelle chambre de conseil aurait de plus discrètes murailles que la forêt aux grandes ombres?

Les trompes sonnaient, les cavaliers suivaient la piste, les chiens donnaient de la voix.

Le roi ne suivait plus les fumées de la bête; Henriette s'était séparée de Georgy et rejoignait la fille de O'Connor.

Charles Ier avait enlevé du petit poney qu'il montait le jeune duc d'York, et Patrick, Ben, Walter et Sam suivaient le roi, Colepepper, Landsford et trois de ses conseillers.

Une grande clairière s'ouvrait entre des rangées de chênes séculaires.

Charles descendit à l'entrée, lia son cheval à un arbre et s'approcha d'une énorme pierre de granit destinée jadis à quelque sanglant sacrifice. La reine et Jessy rejoignirent Charles Ier, le roi plaça le duc d'York sur ses genoux.

Les quatre fils de Finn-Bar demeurèrent debout avec les quatre lords.

Charles embrassa tendrement le duc d'York.

« Mon fils, lui dit-il, vous avez l'âge d'un enfant, et je vais vous traiter en homme. Tandis que les Anglais nous croient occupés de fêtes et de plaisirs, moi et votre mère gardons une idée constante : nous voulons conquérir, tel que nous le transmit notre père, le triple royaume qui forma notre héritage. Depuis notre séjour à Windsor, nous jouons cette atroce comédie, imitez-nous : prince, agissez en prince. Tâchez de me bien comprendre et ne vous laissez pas troubler... Votre mère part pour la Hollande où elle conduit Mary ; moi je feins de souhaiter seulement de l'accompagner jusqu'à Douvres pour lui dire un dernier adieu... Mon véritable projet est de m'emparer de Hull et de gagner l'Écosse par ce côté. Vous saurez un jour ce que valent les fils de l'Écosse et ceux de l'Irlande. Vous ne me suivrez pas à Douvres, mon fils, vous irez à Hull avant moi, et je vous rejoindrai.

— C'est moi qui prendrai la ville ? demanda l'enfant.

— Vous entrerez du moins le premier dans le fort, répondit Charles.

— Je croyais que le gouverneur aimait vos ennemis.

— Le gouverneur a été nommé par le parlement, mais il ne me hait pas; d'ailleurs, je vous envoie à Hull pour vous mettre en sûreté; je ne veux pas que vous soyez entre les mains des presbytériens, comme votre frère le prince de Galles.

— Ainsi, demanda le duc d'York avec une charmante bravoure, je me présenterai devant le gouverneur et lui demanderai les clefs de la ville ?

— Deux de mes fidèles amis vous accompagneront ; je vous confie à Patrick, un descendant des rois d'Hibernie, et à Colepepper, un noble Anglais. Prenez courage, mon enfant, je vous rejoindrai bientôt. Il me faut des armes, des soldats, de l'argent ; votre vaillante mère va me chercher tout cela en Hollande. Landsford, et vous tous, mes amis, ajouta Charles, c'est un périlleux métier que celui de roi, et souvent même de défenseur du roi. »

Le duc d'York se jeta dans les bras de sa mère.

« Quand vous reverrai-je ? dit-elle, ô mon pauvre enfant ?

— Jessy O'Connor, vous suivez la reine avec Patrick ; Ben accompagne à Hull le duc d'York. Demain nous quittons Windsor pour Douvres, et à peine le bâtiment de la reine sera-t-il hors de vue que je rejoindrai mon fils à Hull. Walter, Sam, Ben, veillez à ce que tout soit disposé pour l'embarquement, comme pour la bataille. »

En ce moment le bruit d'une course furieuse se fit entendre, les trompes éclatèrent, le sanglier déboucha par une des allées aboutissant à la clairière.

Les Irlandais, le roi et Henriette s'élancèrent sur leurs chevaux.

« Patrick, s'écria le roi, sauvez mon fils. »

En une minute toute la troupe fut prête et prit la tête de la chasse. Seulement, à travers le bois, Landsford, Patrick et deux Anglais emmenaient l'enfant qui faisait de loin des signes d'adieu à sa mère.

Nul ne se douta de ce qui venait de se passer.

Les cavaliers poursuivaient le sanglier avec une ardeur que le succès couronna enfin.

La nuit tombait, les torches s'allumaient quand la bête, assaillie par les chiens, harcelée par les chasseurs, tomba hurlante et terrible encore. Le trépas du sanglier fut le dernier épisode de la chasse.

On rentra au palais de Windsor, où le festin attendait les chasseurs.

Avant de se mettre à table, Charles donna des ordres pour le départ du lendemain.

Il prit ensuite le temps de changer d'habit et trouva, en revenant au milieu de ses hôtes, lord Egton causant avec la reine.

Il lui apprenait la décision du parlement.

Henriette-Marie témoigna une satisfaction modérée.

Mais quand Egton parla d'emmener sa fille, le cœur de la reine l'emporta sur la réserve qu'elle gardait avec les hommes dont elle ne pouvait répondre. Elle pressa étroitement Georgina dans ses bras.

« Que Votre Majesté dise un mot, et je reste !

— Partez, au contraire, Georgina ; ne nous faites pas un mortel ennemi de votre père ; gardez seulement à la famille royale le dévouement sur lequel elle compte. Peut-être, à Londres, vous sera-t-il possible de voir le prince de Galles : vous lui porterez mon baiser, vous me transmettrez ses lettres, si vous le pouvez. »

Georgy baisa en pleurant la main de la reine.

Lord Egton prit après le souper congé de Leurs Majestés ! Il devait avant le jour s'éloigner de Windsor avec sa fille.

Henriette ne se coucha pas.

Pendant toute la nuit elle s'entretint avec le roi Charles.

De temps en temps Jessy O'Connor entrait discrètement, prenait les ordres de la reine, puis s'éloignait.

Les diamants de la couronne faisaient partie des bagages.

Dès que le matin se leva, les équipages du roi furent sur pied. Non pas seulement ses voitures, mais ses chevaux, ses fourgons, ses chiens, son équipage complet de chasse.

Tandis que le roi et la reine d'Angleterre, navrés au fond du cœur, inquiets de l'avenir, tristes de l'adieu, feignaient de préparer de nouvelles fêtes, leur cœur saignait au dedans.

La reine s'attristait de se séparer de sa fille. Charles, écrasé par un pressentiment sinistre, se disait qu'il ne les verrait plus.

La petite princesse commençait à s'affliger d'un mariage entouré de tant de choses douloureuses. Elle priait sa mère de la garder avec elle.

« Vous me fiancerez, disait-elle, quand je serai grande comme Jessy O'Connor. »

La route se fit rapidement.

Charles et Henriette tremblaient que le parlement se ravisât et donnât ordre de fermer les ports. La dernière chance de salut de la famille royale était dans l'appui que la Hollande ne pouvait manquer de donner à ses nouveaux alliés. La France avait bien assez de ses querelles intestines, des guerres suscitées par les femmes, soutenues par les hommes, de l'embarras de ses finances, de la mauvaise entente des partis, des mouvements du peuple, de la méchante volonté du parlement, et de la politique ambitieuse des ministres.

La Hollande était commerçante et riche,

paisible et dévouée. L'Angleterre l'honorait par cette alliance, la Hollande s'en montrerait reconnaissante.

La reine fondait sur son voyage et sa négociation les meilleures espérances. La vivacité de son imagination l'aidait à parer l'avenir. Elle rassurait Charles Ier, raillait le parlement, établissait un nouvel état de choses dans le royaume, et forçait le roi à sourire.

Mais il souriait plutôt à sa femme qu'il n'encourageait la négociatrice.

En voyant la vaillance d'Henriette, son dévouement d'épouse, son courage maternel, il ne pouvait s'empêcher de l'admirer.

Involontairement il se demandait par quelle fatalité cette jeune, belle et souriante créature, faite pour commander par la grâce, et pour dominer par le charme, avait été assez fatalement éprouvée du Ciel pour être devenue la femme de Charles Stuart.

Un moment il fut sur le point de lui dire :

« Vous aussi, restez en Hollande ! »

Mais la force de ses affections l'emporta sur sa crainte : il se demanda ce qu'il deviendrait loin de tous ceux qui lui étaient chers.

Deux de ses enfants restaient à Londres à demi prisonniers.

La petite Mary ne reviendrait peut-être jamais
Le duc d'York...

Charles éprouva un serrement de cœur douloureux à la pensée de son fils. Le roi politique ne s'était-il pas montré père imprudent ?

La tristesse de Charles mal dissimulée gagna la reine elle-même.

Enfin les voyageurs descendirent à Douvres.

Le bâtiment sur lequel la reine devait faire la traversée attendait.

Charles conduisit Henriette-Marie au navire, surveilla l'embarquement avec un soin minutieux, s'enferma dans la cabine avec sa femme et sa fille, et y resta jusqu'à ce que le pilote vînt, mettant un genoux en terre, le prévenir que l'heure de la séparation était venue.

Cette nouvelle frappa les deux époux comme s'ils ne l'attendaient point.

La reine se jeta dans les bras de Charles I*er*, et la princesse Mary fondit en larmes.

Charles s'arracha de cette double étreinte.

« Je vous laisse à bord, dit-il à Henriette, mais je ne vous quitte pas. »

En descendant du bâtiment il monta dans une barque.

« Ami, dit-il au pêcheur à qui elle appartenait, louvoie le long de la côte, de façon à ce que pour moi ce navire reste toujours en vue. »

Le pêcheur prit ses rames et nagea.

Sur le pont du bâtiment Henriette et sa fille Mary restaient debout à l'arrière, tandis que Charles dans le petit canot les suivait des yeux en agitant son feutre empanaché !

Pendant les quatre premières lieues du trajet, Charles Ier suivit ainsi le navire qui emportait la plus belle, la plus noble et la plus infortunée des reines.

Les brouillards descendirent.

Le fanal du navire et celui de la petite barque se répondirent, continuant à se regarder comme des yeux de flamme.

Mais les fanaux eux-mêmes s'éteignirent dans la brume.

Alors Charles dit au batelier :

« Retourne. »

Deux heures plus tard il rentrait à Douvres.

Cette fois il ne fut question ni de souper, ni de fête, ni d'équipage de chasse.

La sinistre comédie de Windsor était finie.

Henriette se trouvait en sûreté, Charles pouvait agir en chevalier, en attendant que la reine lui rendît une armée.

Il était temps d'ailleurs de rassurer ceux qui avaient pu rester dupes de cette feinte, et que la légéreté apparente du roi pouvait détacher de sa cause. Charles n'avait qu'une petite troupe, mais elle semblait suffisante pour obtenir du gouverneur de Hull qu'il ouvrit ses portes au roi d'Angleterre.

Charles ne s'occupa plus qu'à rallier ses partisans.

En moins de trois mois Charles se crut assez fort pour tenter une entreprise décisive, et il prit avec trois cents chevaux la route de Hull.

Comme il approchait de la ville, ils se croisèrent avec lord Egton.

Le père de Georgina venait de remettre au gouverneur les ordres du parlement.

Un espion de Cromwel ayant surpris le désir du roi de s'emparer de Hull pour gagner le nord de l'Angleterre, creva cinq chevaux sur la route de Londres, et avertit les chambres.

Jacques duc d'York, lord Newport et le prince Herbert neveu de Charles Ier allaient se trouver prisonniers.

Charles s'avança jusque sous les murs de la ville.

Bien que le gouverneur John Hotham fût la créature du parlement, il eût, sans aucun doute, livré la place au roi sans le message de lord Egton.

Hotham n'éprouvait aucune haine contre le roi ; il regardait comme sacrés les droits de la couronne, et s'estima profondément malheureux d'avoir à lutter contre son sentiment personnel.

Le duc d'York, le prince palatin, lord Newport avertirent le maire et les principaux citoyens de l'arrivée de Charles Ier.

Le magistrat prit immédiatement les clefs de la ville afin de les offrir au roi d'Angleterre.

John Hotham sortit à son tour, et ordonna brutalement à ceux qui prétendaient accueillir le roi, d'avoir à rentrer chez eux, sous peine d'être considérés comme hostiles au parlement.

Charles attendait auprès des remparts et commençait à donner des signes visibles de son impatience.

Enfin John Hotham parut.

Le roi le somma d'avoir à lui livrer les clefs de la ville.

Hotham, unissant le cérémonial usité à l'égard du roi avec le serment prêté au parlement, s'agenouilla sur le rempart.

« Sire, dit-il, ne me demandez point ce que me défend mon obéissance au parlement qui m'a investi de la garde de cette place. »

Un violent murmure accueillit les paroles de sir John.

Les officiers de la garnison, presbytériens farouches, regardaient les cavaliers d'un air de défi.

Ceux-ci appelèrent Hotham traître et rebelle, un mousquet fut même dirigé contre sa poitrine ; mais Charles écarta l'arme de la main et continua à parlementer.

Ses ordres, ses prières, ses menaces, tout demeura inutile.

Aucune séduction, aucune terreur n'eut prise sur la garnison.

Le duc d'York, placé entre le comte Palatin et lord Newport, suivait cette discussion avec angoisse. Enfin Charles dut s'éloigner à quelque distance et renoncer à l'espoir de prendre la ville.

Vers midi il envoya demander qu'on lui donnât la liberté de pénétrer dans Hull avec vingt chevaux. Il voulait embrasser son fils.

John Hotham refusa encore.

Alors le roi se rapprocha des remparts, et fit déclarer traître au roi John Hotham et ceux qui avaient partagé sa rébellion.

Immédiatement une lettre de Charles I*er* instruisit le parlement de ce qui venait de se passer.

Le roi d'Angleterre ne croyait pas sa puissance tellement ruinée que son affront n'obtînt une prompte et éclatante vengeance.

Mais le parlement «avoua de tout» John Hotham.

Il déclara au roi que ni les places ni les arsenaux n'étaient des propriétés particulières qu'il eût le droit de réclamer la loi en main; que si les chambres en confiaient la gestion au souverain, elles pouvaient également, et en vertu du même pouvoir, la lui retirer pour s'en saisir elles-mêmes.

Pour appuyer davantage cette réponse, les arsenaux de Hull furent transportés à Londres. On poursuivit neuf lords amis du roi, on défendit aux hommes valides de s'armer pour la cause du roi, et Charles Stuart, qui n'avait plus en sa possession d'autre signe extérieur du pouvoir légal que le grand sceau que lui avait fait parvenir le chancelier Littleton, se vit réduit à déclarer ouvertement la guerre à son peuple; les propositions d'accordement apportées à York, où Charles Ier fixa quelque temps sa résidence, étaient dérisoires et inacceptables.

Charles refusa d'être un fantôme de roi, et confiant dans les secours promis par la reine il partit pour Nottingham afin d'y arborer l'étendard, et d'en faire le rendez-vous des derniers royalistes.

FIN DU TOME PREMIER.

TABLE

Chapitres.	Pages.
I. Le cœur de l'Irlande.....................	1
II. Deux jeunes filles.......................	28
III. L'audience.............................	51
IV. Parole donnée..........................	74
V. Fiançailles.............................	95
VI. Attaque nocturne.......................	116
VII. Sceptre de Rosea.......................	138
VIII. Courrier d'Irlande......................	161
IX. Entretien..............................	184
X. La fille de O'Connor....................	208
XI. Le privilège	229
XII. Lutte	255
XIII. L'adieu de la reine.....................	275

FIN DE LA TABLE DU PREMIER VOLUME.

355 ABBEVILLE. — TYP. ET STÉR. GUSTAVE RETAUX.

www.ingramcontent.com/pod-product-compliance
Lightning Source LLC
Chambersburg PA
CBHW071127160426
43196CB00011B/1821